ENCUENTRO

OCEANO ámbar

FER BROCA

ENCUENTRO

CHAMANISMO APLICADO A LA VIDA COTIDIANA

ámbar

ENCUENTRO
Chamanismo aplicado a la vida cotidiana

Diseño de portada: Ivonne Murillo
Fotografía del autor: Daniela Name

D. R. © 2023, Editorial Océano de México, S.A. de C.V.
Guillermo Barroso 17-5, Col. Industrial Las Armas
Tlalnepantla de Baz, 54080, Estado de México
info@oceano.com.mx

Primera reimpresión: junio, 2023

ISBN: 978-607-557-680-0

Impreso en México / Printed in Mexico

Para los que buscan,
los que sueñan.
Para aquellos que creen,
para ustedes:
Encuentro.

Índice

Introducción: despertar

Hay hambre en el mundo. Hambre de propósito, de sentido, de trascendencia. De una vida profunda y con sentido. De una existencia íntegra con una espiritualidad cercana. De saber hacer un camino de realización en lo cotidiano que nos muestre cómo mejorarnos, de qué manera crecer y con qué propósito seguir.

Andando los senderos en los cinco continentes y observando a las mujeres, niños y ancianos de los más variados orígenes y crianzas he percibido en sus preguntas y silencios esa profunda necesidad de saber. Escucho ese anhelo de algo más cuando imparto talleres y cursos, tanto en las más sofisticadas capitales como en los más austeros poblados. Lo observo en las conversaciones de los jóvenes, en las preguntas entre amigas y en los pasos de las nuevas generaciones. Lo siento como una búsqueda irrefrenable, como un deseo interno y suave, latente en todos los seres. Es la intención de todos aquellos que desean ir a una existencia más allá de lo viejo y conocido.

En este tiempo intenso nos ha tocado vivir un despertar, una sacudida y una oportunidad. Es éste el momento en el que las diversas filosofías se abren sin distinción alguna. Es un despertar, una curiosidad que puede convertirse en búsqueda y quizá también en un precioso *encuentro*. Las sacudidas que la vida nos da nos permiten movernos, nos obligan a transformarnos y a reinventar la forma en que habitamos esta experiencia tan linda que es la vida. Y sin duda vivimos una oportunidad generacional de transformar, desde la consciencia y la armonía, nuestro intelecto, nuestro autoconocimiento y nuestra relación con el mundo.

Muchos aún habitan en el paradigma de la prisa y la inmediatez, de la muy cuestionable productividad y rentabilidad. Es cierto que la tecnología y los avances nos proyectan un futuro maravilloso en algunas áreas; pero es verdad también que el presente está tan saturado, tan virtual, tan lleno de tan poco y tan vacío de tanto. Y esa ansiedad de tener que lograr objetivos a veces banales, de deber alcanzarlos, de vivir para cumplirlos, sumada a la idea fantasiosa de una vida perfecta, nos debilita. Pero también puede inspirarnos un hambre de esperanza, de propósito, de sentido existencial.

Los abuelos nos dejaron la enseñanza sobre la generación del umbral. Ellos nos dijeron que llegaría un momento en que la humanidad, después de estar dormida por largo tiempo, tendría que abrir los ojos y despertar. Sería una temporada de tormentas entre los pueblos, de agotamiento de los frutos de la tierra, de soledad entre las personas y de corazones vacíos y mentes sin propósito. Este tiempo nos confrontará con los más hondos miedos, las mentiras saldrán a la luz, nos tocarán a todos las sombras ocultas y no habrá dónde esconderse.

Sin embargo, también brotarán las semillas del despertar en todos los rumbos, se escucharán las voces del pasado, y su joven humanidad inclinará la cabeza frente a la sabiduría superior.

A la noche oscura le seguirá la claridad de los tiempos nuevos. El Sol nuevo necesita que se enciendan los soles interiores, que florezca la belleza esencial y el camino simple de vivir *presentes*.

Y entonces todos los ríos de las tradiciones sagradas volverán a reconocer que sólo hay un origen. Que somos distintas rutas de un único manantial...

El Camino Rojo o chamanismo es una tradición antiquísima extendida por todo el planeta, transmitida esencialmente de forma oral y experiencial. Su conocimiento ha sido cuidadosamente preservado en cuentos, mitos, leyendas y tradiciones arraigadas a los pueblos originarios. Los Ancestros (abuelos, hombres sabios, maestros...) dejaron todo allí, a la vista y, sin embargo, sus "misterios" habitan entre las líneas que sólo algunos pueden leer.

El chamanismo vive en la memoria más antigua de los pueblos, en danzas por todo el orbe, en cantos, en tejidos, en palabras de gran vibración e inmenso significado. También en colores, pinturas, relatos, códices, petroglifos, construcciones, geometrías, brebajes, caminos, ritos, lugares y un sinfín de expresiones culturales en un amplio territorio.

Contamos con "testigos": montañas, ríos, piedras, árboles centenarios y presencias espirituales que guardan y alimentan nuestra bellísima tradición. Son como inmensas bibliotecas que vigilan, conservan y transmiten porciones de conocimiento en lugares, tiempos y momentos precisos.

Me enorgullece saber que soy parte de una tradición viva, que crece, que se transforma, que sigue adelante, que ha sobrevivido. Que tuvo sus muertes y renacimientos, que se adapta, que se nutre. Una historia que se ha sostenido en generaciones y generaciones de valientes y poderosos hombres y mujeres que, aun en olvido y enfrentando dolorosas pruebas, han logrado preservar lo esencial. El chamanismo vive. A pesar de haber sido ahogado por la modernidad, quemado por la ignorancia, abandonado por el olvido, sigue aquí porque aún tiene mucho que darnos a todos.

Ahora me toca acercarte estos conocimientos tan profundos, y hacerlo de forma simple, permitiendo que se vuelvan herramientas que te ayuden a crear una existencia linda y dichosa. Soy el traductor entre las voces del pasado y la modernidad de nuestros días. Una parte de estos conocimientos sagrados y poderosos ahora llegan a ti. Desde el respeto te pido que los observes, los descubras, los disfrutes, que los atesores, pero sobre todo que los practiques y los apliques.

Creo en el encuentro, en la magia, en el hombre y en la bondad. Creo en este libro y también creo en ti. Deseo para todos un buen despertar.

Este libro comparte experiencias, conocimientos y relatos que nos muestran esta ancestral tradición. Es una puerta que se abre, y una invitación a conocer la esencia de sus enseñanzas. Es sencillamente un llamado al despertar...

Este libro es una respuesta, un llamado y un posibilidad.

Aquí se plantea una mirada clara y directa al a veces insondable mundo de lo espiritual, provocando un acercamiento sencillo a profundas enseñanzas que se vuelven aplicables a tu cotidianidad. Quiero que sea la primera de una serie de conversaciones que nos permitan retomar las valiosas enseñanzas de diversos caminos de crecimiento, de vías filosóficas milenarias extrayendo la esencia, el perfume maravilloso que cada una aporta y recolocándolos en palabras, ejemplos y elementos muy prácticos que sumen herramientas cercanas y adecuadas para vivir mejor nuestro día a día. Confío en que cuando se retoman el valor filosófico y práctico de las corrientes espirituales, y se separan de la carga religiosa y mística, es del todo probable que nos encante lo cercano de sus enseñanzas y lo apropiadas que resultan enfocadas en nuestras diarias labores.

Lo que es verdadero y guio a los griegos hace siglos sigue vigente hoy. Las que fueron lecciones trascendentales en la India milenaria tienen aún aplicación en nuestra modernidad. Y todas las enseñanzas profundas del pasado, libres de sus cargas temporales, siguen y seguirán guiando a los hombres y mujeres hacia el despertar.

Se dice que la verdad es una sola, como la punta de una montaña, y que cada sendero espiritual es una vía de acceso. Algunas son más llanas y serenas, otras más escarpadas y misteriosas. Las hay largas y silentes, cortas y divertidas, sutiles e invisibles y complejas e intelectuales. Pero todas, todas llegarán a un mismo lugar.

He tenido el regalo de conocer los lugares desde donde brotan las más fascinantes religiones, he podido sentir el aroma de mezquitas, sinagogas, templos y espacios sagrados por todo el orbe. He profundizado en traducciones de los más importantes textos budistas, taoístas, védicos, sufís y cabalísticos. La vida me ha regalado encuentros presenciales con sacerdotes del shinto, aborígenes australianos, sabios bereberes y comunidades maoríes. Y gracias a estos contactos no sólo intelectuales sino vivenciales he podido digerir sapiencialmente, pero sobre todo integrar en mi corazón la más pura sustancia de las diferentes doctrinas. Y cuanto más conozco, más corroboro que todos los senderos llevan a los mismos destinos: porque desde mi visión todos los caminos espirituales auténticos provienen de un mismo manantial y fluyen hacia el gran océano divino.

Este libro es un *encuentro*. Nos revela el chamanismo como una filosofía de vida que va mucho más allá que lo que se dice, se cree o a medias se conoce. La riqueza de este gran sendero no está en las plumas ni en las plantas de poder, no es la vestimenta y por supuesto tampoco los excéntricos artilugios. En esta tradición hay mucha belleza, una capacidad introspectiva, un contacto con la naturaleza, una re*comprensión* de lo que somos y de lo que *es*. El chamanismo es un viaje de poder que nos expone a principios lógicos y auténticos.

Es desde esta comprensión que te invito a desvelar, a comprender, a descubrir y a transitar este maravillo encuentro. Soy un chamán y he visto la magia, pero no sólo la de los fuegos que danzan y la del diálogo con lo invisible. He visto la magia de la sanación de miles de personas cuando se miran a sí mismas. He presenciado lo bonito de una sonrisa cuando experimenta la presencia de la vida. Me he emocionado frente a hombres de negocios que aplican la enseñanza y obtienen una abundancia armoniosa. Y me inclino respetuosamente cuando contemplo que las mujeres se colocan con fuerza, suavidad y amor en la vida.

Soy un portador de regalos. Yo los comparto con cariño, pero eres tú quien decide recibirlos, abrirlos, usarlos y disfrutar de ellos.

Por todo ello este libro, igual que muchas otras enseñanzas, tuvo que aguardar a que los abuelos sintieran el movimiento y me permitieran manifestarlo. Aclaro, por supuesto, que este trabajo es apenas una pequeña pincelada de color en el mural inmenso que la tradición representa. Confío en que las manos que lo reciben tengan un corazón abierto para tomar lo mejor. Ten muy presente que las palabras aportan conocimiento y, si lo incorporas, también consciencia. Pero el proceso de irnos haciendo buscadores se da cuando experimentas el conocimiento y aplicas la consciencia en tu vida cotidiana. Y sólo trascenderemos del plano de la mente integrando en coherencia lo esencial de las palabras y viviendo armoniosamente en la paz que da sabiduría.

Quizá la mayor riqueza de esta obra habite en la selección esencial de los fundamentos que ahora son aplicables para nuestra cotidianidad, en la interpretación de conceptos a veces muy complejos y su "simplificación" para acercarlos a nuestra visión occidental del mundo. Por supuesto que esto no es un tratado ni un proyecto académico. Es más bien un libro sencillo y directo cuyo propósito es acercarnos al poder que aporta el conocimiento trascendental. También es un proceso de indagación, de amor propio y de la construcción de la realidad que quieres vivir.

Es como el chamanismo mismo: poderoso, simple, firme y transformador.

Es éste el principio de un emocionante viaje que te llevará hacia la consciencia, a una existencia más amplia, a una vida de espiritualidad propia, a vivir bonito.

Finalmente: todos estamos buscando; pero sólo quienes persistimos, encontramos.

En el umbral: un chamán

Y entonces el hombre miró hacia arriba. Se preguntó quién movía las nubes, quién lanzaba el agua que desde el cielo caía. Qué misteriosa presencia traía la luz y alejaba la oscuridad…

Y miró más allá de las montañas y se cuestionó acerca de quién soplaba el viento, y experimentó dulcemente la curiosidad innata de los niños al despertar.

¿Dónde nace el Sol? ¿Por qué la Luna va cambiando su forma? ¿Dónde habita el espíritu de la Madre Tierra? ¿Qué historias nos cuentan los pájaros en su canto?

Es antigua, muy antigua la curiosidad del hombre, esa necesidad de buscar, de sospechar que hay algo más detrás de lo que percibimos. La curiosidad lleva a la búsqueda y ésta a la respuesta, y juntas generan poco a poco un proceso maravilloso. Primero, la duda: *¿Quién está detrás?* Luego la búsqueda: *Voy a explorar*. Más adelante se atisba que hay algo detrás.

Después vino la posibilidad de preguntarse si "eso detrás" nos escucha, si "eso detrás" está consciente. Y después, mandar mensajes a "eso detrás". De ahí vienen los ritos, los cantos y las danzas, las alabanzas. Lograron encontrar lugares especiales que propiciaban el silencio y la conexión interior, espacios mágicos en donde se escuchaba mejor la voz del espíritu, sitios conocidos como sagrados en donde el contacto entre esta realidad y la otra se fortalecía y, poco a poco, pedazo a pedazo, se fue construyendo una poderosa relación entre el hombre y lo eterno, entre el mundo físico y un espacio superior.

Entonces aprendimos a conjuntar los elementos. Aprendimos a mirar el cielo. Encontramos los días especiales en los lugares sagrados. Danzamos y cantamos con música trascendental. Aprendimos ritos y nos dimos cuenta de *una inmensa verdad*: hay una realidad espiritual más allá de lo que percibimos. Y esa realidad puede escucharnos.

Así supimos que el Gran Espíritu es capaz de recibir nuestros mensajes.

Pero, ¿y aquí? De este lado de la realidad, ¿quién escucha a lo divino? La respuesta a esta pregunta es: el chamán.

Los ancestros, pese a lo que consideramos su "atraso tecnológico", alcanzaron un sinfín de comprensiones (astronómicas, matemáticas, físicas, biológicas, sociales) que nos parecen inalcanzables para su tiempo. Aún, en muchos foros, persiste la duda: ¿cómo las grandes culturas del pasado llegaron a ese excepcional grado de conocimiento?

Se trata de un desarrollo maravilloso que se centró en la observación y la curiosidad, en una capacidad imaginativa sorprendente y en la suma de mentes para poder crear. Hombres y mujeres guardaron la quietud, calcularon con los ojos, esperaron pacientemente a que el Sol saliera por un sitio y se moviera. Ellos preguntaron a las causas, a lo sutil, observaron el silencio, atestiguaron las estrellas por generaciones y descubrieron, hace miles de años, algunas de las maravillosas respuestas que aún hoy nos sorprenden.

A veces me pregunto: ¿cómo quedamos atrapados en el paradigma de solamente poder aprender por el camino que nuestra sociedad contemporánea ha establecido? ¿Cómo decidimos que desarrollo es igual a tecnología, que la civilización son edificios y que la realidad es cuantificable? Pareciera que fuimos dejando de lado la forma en la que los antiguos mayas descubrieron el cero, la manera en la que Pitágoras halló distancias interestelares, el camino por el que los indios pudieron llegar a la consciencia de la mente y de los flujos de energía del cuerpo, y los chinos supieron mirar y medir con una precisión total las energías sutiles de la Tierra. No olvidemos que este conocimiento proviene de escuchar y de dialogar con este mundo susurrante y sutil que aún nos sigue sorprendiendo. Quizá sea el momento en que los hombres regresemos a escucharlo. En que apaguemos las computadoras y los teléfonos y vayamos a la montaña para aprender a edificar.

Tal vez los temblores, los incendios, las mareas siguen hablándonos desde el mundo de lo sutil. ¿Pueden incluso ser las pandemias portadoras de mensajes y la sanación un asunto que requiere más que simplemente medicinas?

Seguimos construyendo lugares sagrados y seguimos acudiendo, por diferentes caminos, a la escucha y al contacto con lo superior. Somos incansables buscadores de respuestas y nos deleitan los mitos y las leyendas. Estamos rodeados de "modernidad", pero suspiramos frente al lago y deseamos emular el mundo natural desde nuestros sofisticados hogares.

Es posible que, para emerger y evolucionar, debamos volver la mirada a aquellos lejanos tiempos en que, fascinados por el fuego, los hombres se cuestionaban: "¿Quién vive ahí dentro? ¿Cómo podemos hablar con él? ¿Nos escucha? ¿Cómo podría respondernos?".

Entre esos hombres que se detenían y se cuestionaban brotó uno con corazón abierto y una mente que buscaba el sentido trascendente. Él se ofreció para ser el observador, la oreja que escuchaba al fuego. Para entender cómo se nutría y qué lo consumía. Un hombre o una mujer que eligió pasar su tiempo contemplando la flama y así, al paso de los ciclos, pudo entender. Logró escuchar y descubrir la esencia, los misterios en el interior del crepitar, mientras la hoguera ardía. Reflexionó y se dedicó a crear los ritos para mantener el fuego vivo.

Cruzó al mundo de lo invisible, se adentró al fuego y aprendió a escucharlo. Y emergió diciendo: *Soy un chamán.*

1
Espiritualidad

La generación del umbral

Vimos caer el muro, derribamos imperios y creamos nuevas naciones. Nos tocó salir de la atmósfera y pisar la Luna, desarrollar la comunicación celular, construir computadoras cada vez más poderosas y soñar con los robots que a nuestros niños servirán. Ellos tendrán autos voladores, una medicina avanzadísima y, quizá, también una muy alta esperanza de vida. En términos tecnológicos, el hecho es innegable: somos la generación del umbral.

Por otra parte, se desmoronan las religiones que apenas unas generaciones atrás eran mucho más fuertes. Los sistemas políticos caen, se derrumban en sus propios vacíos. La economía actual está en crisis y los recursos se agotan. Ante tanto caos, duda e incertidumbre, necesitamos puentes para cruzar hacia un nuevo comienzo. Es prioritario tener un soporte, un cimiento. Un elemento que integre coherencia al presente. Una guía que rescate lo valioso del pasado y para fortalecer la esperanza en el futuro. Para que también en lo trascendente podamos decir que estamos en un umbral.

Para mí, esa pieza esencial es la espiritualidad.

La espiritualidad, como la experimento y la comprendo, es el acto personal de búsqueda, encuentro y vínculo con lo superior. Es la manera en que tu ser, tu mente y tu corazón se enlazan con lo sutil, lo divino, lo profundo, el sentido de lo verdadero y trascendental. Espiritual es quien reza con el corazón lleno de fe, el que baila con la convicción de que su movimiento lo sanará, es quien toca el tambor con respeto y devoción, y encuentra entre sus tiempos la voz del Gran Espíritu.

También es espiritual el que canta un mantra con plena atención y el que calla en silencio frente al jardín zen. Es el que en la poesía se enamora de Dios y el que, repartiendo pan, siente que un amor más grande lo compensa. Es la madre que mece a su bebé y le pide a la vida que lo cuide, el niño que reza a su angelito de la guarda, la familia que honra a sus muertos y que confía en un lugar más allá. Son quienes encuentran la inspiración en una imagen y se inclinan con respeto y devoción. Los que ascienden a la montaña a hablar con el Gran Espíritu y los que ofrecen pétalos al mar para que los cuide al navegar.

La espiritualidad es un proceso íntimo, absolutamente libre y consciente, que ocurre en el interior, que conecta desde dentro, que nos hace sentir parte del mundo, que nos recuerda la unicidad y la compasión por los seres, que nos lleva a vivir bien haciendo el bien.

La práctica espiritual se apoya en el rito, como la música lo hace en el instrumento. Pero el instrumento no es música, ni el rito es espiritualidad. Es peligroso confundirlos. El rito es el medio, mientras que la espiritualidad es el fin en sí mismo.

Puedo hacer los más complejos ritos, pero sin corazón. Sin presencia, son sólo letras apiladas y nunca un soneto de verdad.

En estas páginas te invito a retomar la espiritualidad con la consciencia de que es tuya. Pueden infundirte creencias y, seguramente, conoces muchas formas de práctica. Pero la espiritualidad es un acto interno. Es un compromiso que se refleja, idealmente, en una vida armoniosa y plena: en los actos de coherencia y en tu cooperación con el más alto bien para ti, para la Tierra, para toda la humanidad.

¿Qué es la espiritualidad?

Comprendamos la espiritualidad como un contacto con lo superior, con lo sutil, con una realidad más profunda a partir de nuestros propios recursos, de nuestras propias experiencias, de nuestra consciencia y voluntad. Comienza en nuestro corazón y viaja de ida y vuelta hacia el latido esencial del Gran Corazón para luego permitirnos ver que somos *uno y lo mismo*.

Es una práctica, un proceso sincrónico y continuo. Se cultiva con intención, atención y constancia. Se refina con quietud y comprensión. Así, con la suavidad de las nubes y la templanza de los mares, nos vamos acercando a *ser*, a lo auténtico que hay en cada uno, a la verdad simple y al recuerdo de lo puro.

Ser espiritual es emprender la búsqueda de un sentido de vida, de la trascendencia, del actuar conscientemente y con intención. No sé si esto implica un anhelo de vivir más, pero sí, sin duda, de hacerlo desde una condición mejor. Quienes aspiramos a una vida espiritual confiamos en que los procesos, las situaciones y, en general, todo cuanto aparece tiene un propósito. Sabemos que se puede establecer un vínculo con el manantial que lo genera todo si recordamos que esa *agua primordial* está en uno mismo, que fluye a través de la vida que nos rodea y que prevalece aun cuando no podamos percibirla.

Ser espiritual es mirar atrás y fortalecernos como humanidad en los pasos andados, e inspirarnos en el presente para crear un digno futuro. Es respetar la vida en todas sus formas, reconocer el derecho de todas las especies a estar aquí. Es valorar a los ancestros, amar a nuestros seres cercanos y entender que somos parte de un ciclo evolutivo, que debemos cuidar de la Tierra, de los seres vivos y de todo lo que la vida nos da. Es salir del victimismo y de la inútil culpa, y a cambio autorresponsabilizarnos, porque nuestros actos, igual que nuestras omisiones, trascenderán el tiempo. Asumamos desde ya que somos responsables del porvenir.

Recuerda: la espiritualidad es, sencillamente, tu forma íntima de buscar, de sentir el vínculo, de llamar y escuchar a lo superior.

Los orígenes de nuestra espiritualidad

Por generaciones, los hombres y las mujeres de nuestra Tierra comprendieron *el valor de la vida*, lo indispensable que resulta el contacto con la naturaleza, los acuerdos con los reinos animal y vegetal. Descubrieron las fuerzas sutiles que impulsan el movimiento, sintieron en su corazón el respeto y la honra por sus padres y madres, por sus abuelos y linajes, por todos sus ancestros, y buscaron un sentido de trascender y dejar un legado, confiando en el más allá.

Los chamanes creemos que existen algunas raíces fundamentales que son parte del pasado y sostienen desde tiempos inmemoriales el gran árbol de nuestra tradición. Estos fundamentos se interrelacionan, se complementan y se integran como parte de una maravillosa *unidad trascendental*.

Imagina un árbol. Cada parte es fundamental: las raíces, el tronco, las ramas y las hojas cumplen diferentes funciones vitales. Pero cada parte también suma, coopera, refuerza y da sentido a las demás. De la misma manera, lo que llamamos el *sendero rojo* del chamanismo tiene muchas partes que podrían parecer separadas entre sí, elementos superficialmente distintos. Pero la realidad es que, al igual que sucede en un gran árbol, todos los elementos, por pequeños y efímeros que sean, están cooperando armoniosamente para dar coherencia, vitalidad y presencia a la tradición.

En este libro profundizaremos en importantes ideas que son vitales para el chamanismo y que pueden volverse parte de tu mejora personal, de tu trabajo espiritual y de tu plenitud integral si las haces tuyas y las aplicas día a día. El objetivo es compartir contigo algunas de las más bonitas e indispensables enseñanzas que atesoramos y cultivamos en nuestro continuo aprender. Por ejemplo, el contacto con la Madre Tierra y todos sus seres vivos; el respeto por el cielo y el cosmos unido a la comprensión de los fenómenos naturales; o la búsqueda, el encuentro y la relación con la consciencia presente en las fuerzas sutiles.

Los chamanes aprendemos a comprender los ciclos que marcan las estrellas, a percibir las entidades detrás de la niebla o la *mente* que guía a las manadas de animales, que mueve las mareas o que mueve las nubes para aquietar al padre Sol.

Respetamos la vida y honramos a la naturaleza. Reconocemos a una Presencia que escucha y se comunica a través de la naturaleza, el cielo o las plantas y animales, y a la que distintas personas llamamos Gaia, Pachamama o Madrecita Tierra. Así surge el amor por la tierra y el cielo, por nuestros hermanos de todos los reinos, la admiración por las plantas y árboles y su uso como medicina. También nace de esta manera el deseo de contactar con las voces profundas de una laguna o las presencias invisibles de los bosques y las cavernas. Somos parte de una gran comunidad que integra desde los pequeños granos de maíz, la húmeda tierra, el mosquito y la abeja, hasta el jaguar y el océano. Una comunidad que enlaza el poderoso cielo con sus miles de estrellas y su luna, el padre Sol con las pequeñas hojitas de plantas y todo cuanto habita en la creación. Unidad, unicidad, totalidad.

Procuramos mantener el contacto con nuestra historia respetando a los padres, aprendiendo de nuestro linaje y honrando el legado de los ancestros. Reconocemos y abonamos en la historia que nos toca, apreciando y agradeciendo a los que nos precedieron. Enlazamos con las entidades de los grandes hombres y mujeres, para que nos aconsejen y protejan desde algún sitio donde perduran más allá del cuerpo.

Nuestra tradición aún busca en los ancestros y las grandes presencias del pasado la guía y la sabiduría para continuar. Una parte de ella todavía se centra en la enseñanza, en los mitos y en las historias, en los espíritus protectores y en el puente que podemos cruzar para reconectarnos en paz. Y no me refiero a contactar a los muertos, sino a relacionarnos con energías que alcanzan un cierto grado de evolución y se proyectan como un campo de información, como pulsares energéticos o diferentes expresiones rebosantes de sabiduría y verdad, y que desde su *allá* emanan para nosotros consejos siempre útiles y al beneficio de un Bien superior.

Para los chamanes el pasado es origen, y cuidar el origen es fortalecer el devenir. Usamos el término *abuelos* para referirnos a los grandes cultivadores, los guardianes del conocimiento, los artesanos que son capaces de moldear aún el barro del que estamos hechos. También nos referimos a ellos cuando hablamos de las mujeres y hombres que habitaron antes que nosotros.

Tiempo atrás, hace muchas generaciones, logramos comprender lo que pasaba más allá de la vida como la entendemos. Los antiguos maestros comenzaron a cuidar y preparar a los muertos, a dotarlos de bienes y símbolos para su largo viaje. Crearon ceremonias específicas, así como conjuros mágicos y un sinfín de prácticas con la finalidad de asegurar una vida o existencia después de ésta. Se ocupó el trabajo en conjunto de miles para erigir monumentos y conmemorar a los muertos, espacios creados para trascender generaciones y perdurar en la posteridad. Increíbles lugares que se levantarían con el propósito de dejar huella, recordar, profundizar y elevar lo humano-mortal a lo humano-divino... a lo trascendental. Éste es el manantial de muchos ritos que luego se fueron expandiendo y abarcaron nuevas rutas.

La espiritualidad en nuestros tiempos

Cada época presenta sus desafíos, cada generación experimenta sus propias crisis y cada cambio de centuria o milenio ha sido visto como un momento de reflexión profunda sobre lo vivido y sufrido, un espacio para atisbar el rumbo y en última instancia dirigir nuestra intención hacia el destino de la humanidad.

Para nosotros los chamanes éste es un tiempo muy especial, es el cambio de una vibración, de un modelo de pensamiento, de una etapa evolutiva a otra. Venimos del siglo XX: el desarrollo, la industria, la automatización, las guerras, el consumismo, el caos; venimos de la riqueza y la miseria en los más diversos ámbitos. Llegamos al siglo XXI entre computadoras e internet, interconectados hasta la saturación, con un mundo globalizado, pero con una crisis de valores y abstractas maneras dc comunicarnos. Con satélites y sueños de habitar Marte.

Entre mis abuelos y mis sobrinos existe una brecha que para los primeros sería inimaginable. Las generaciones que compartimos este tiempo somos profundamente diferentes de las anteriores. Nuestros viejos no pensaron en comprar agua embotellada, en ver por una pantalla a sus familiares que habitan al otro lado del mundo. Seguramente no concibieron la *modernidad* tal como es ahora. Por otro lado, nuestros niños se han perdido de especies de animales y plantas que fueron comunes en otro tiempo, de la seguridad de la vida tranquila, de una salud más vasta (sin tantas alergias ni virus raros, ni un sinfín de enfermedades mentales y sociales).

Nosotros, los que estamos en medio, los que hemos nacido entre estos mundos, somos la generación del umbral. Así nos conoce el mundo sutil, así nos habían llamado los guardianes del tiempo pasado. Nos toca crear y criar una sociedad en el límite de la devastación del mundo, con el naciente anhelo de una existencia más plena, armoniosa y mejor.

Desde hace algunas décadas han nacido niños por todo el mundo con una consciencia distinta. Poco a poco se va desarrollando y valorando una idea más ecológica y amorosa con el planeta y sus seres vivos, al tiempo que vemos cómo se destruyen inmensos bosques y se crean gigantes islas de basura que flotan por el océano.

Por un lado, tenemos una apertura espiritual y religiosa nunca antes vista. Libros sagrados de todas las latitudes y enseñanzas de grandes maestros de todos los pueblos son accesibles, se conectan las tradiciones y surgen muchas opciones para despertar. Por otro, el fanatismo y el poder llevan a algunos a experimentar un terrible egoísmo y a cometer crímenes de odio con relativa frecuencia y facilidad. Es fácil tener una pistola, un auto puede ser usado como un arma y hasta los medios electrónicos pueden dañar. Sin embargo, las redes también hacen posible la interacción del pensamiento y los traductores acercan textos de gran compasión a la mayor parte de la población. Es posible llegar a muchos de los lugares sagrados de todos los continentes, y las organizaciones civiles y las comunidades de muchos sitios se unen y se coordinan para buscar la paz, la salud y el bienestar.

Si lo observas bien, el mundo refleja hoy una gran polaridad: riqueza excesiva y hambre, desarrollo tecnológico para ir a Marte y falta de cuidados a nuestra casa que es la Tierra, gobiernos que dividen a los pueblos, pensamientos cargados de fragmentación y dualidad... Ante esos contrastes tan grandes, tú y yo, que estamos aquí, somos quienes debemos elegir qué camino tomar.

Este libro es un símbolo de apertura. Por mucho tiempo los chamanes más arraigados se opusieron a la enseñanza escrita del sendero rojo. Concebían los preceptos como algo tan sagrado que debe cuidarse y protegerse, mantenerse lejos del contacto con lo profano, lo común, incluso lo moderno. Esto se refuerza en el hecho de que la tradición ha sido por milenios oral y se ha creído que quienes la reciben como conocimiento deben tener méritos internos para acceder a ella. Este proceso de extremo cuidado generó un vacío entre los poseedores del conocimiento y el buscador o estudiante común, y ocasionó que muchas veces se difundiera información incompleta, vacía o incluso falsa sobre el chamanismo. Hay que decirlo abiertamente: los abuelos, los auténticos chamanes, ni siquiera sabían qué se leía o hablaba de la tradición fuera de sus comunidades.

Déjame contarte que los abuelos son los guardianes del conocimiento chamánico en todo el mundo. No son abuelos porque tengan muchos años ni porque tengan el pelo blanco. Lo son porque han vivido el sendero y se han hecho viejos de tanto recorrerlo. Tienen experiencia, sabiduría, amor y conexión con el plano espiritual. Los *espíritus del nahual*, de los que hablaremos más adelante, los reconocen y los acompañan.

Para muchos pueblos originarios de varias latitudes, son la máxima autoridad cultural y espiritual. En nuestro continente funcionan como un consejo. Toman decisiones, guardan la magia, la sabiduría, cooperan con el Gran Espíritu, conocen íntimamente los ritos y son sumamente reservados. La mayoría prefiere el retiro y el silencio. Se apartan de lo que llamamos "modernidad" y toman una postura reservada frente a nuestras formas occidentales de vida. Son muy, muy escasos y bellos. Equilibran el mundo y trabajan con la Madre Tierra y sus criaturas, sanan y son intermediarios entre lo espiritual (sutil) y lo terrenal (material). Enseñan como quieren, cuando lo sienten o reciben el mandato (una petición que hacen las fuerzas o el Gran Corazón del Cielo). Eligen a algún aprendiz. Quienes practicamos el camino, valoramos inmensamente sus consejos y su compañía. En el complejo y ordenado mundo del chamanismo, la jerarquía es muy importante, y el supremo consejo de abuelos es el pináculo y el manantial más cercano del que emana con mayor nitidez la voz de lo superior.

Hace años, cuando era yo más joven y rebelde (bueno, rebelde sigo siendo, pero *joven...* quizá no tanto), deseoso de compartir la palabra (esto es: la enseñanza filosófica del camino), cuestionaba a los abuelos. Sentía que había tanta riqueza en el chamanismo, que debía ser regada por todo el mundo. Quería expandir el conocimiento, ir más lejos, tocar muchos corazones. Ellos respondían cálida y firmemente que ya llegaría el tiempo. En el mundo indígena de mi país, para algunos de mis compañeros iniciados en el sendero, yo era un extranjero. Soy mestizo. Crecí y viví en contacto con la modernidad. Fui a la escuela y tenía un defecto gravísimo a sus ojos: usaba zapatos cerrados en lugar de huaraches. Sin embargo, conté con la simpatía de uno de los más grandes, y en su mano firme y dura me apoyé para formar parte y florecer.

Por circunstancias de la vida (yo diría: por movimientos del nahual), una serie de perfectas casualidades-causalidades se conjuntó para que yo fuera forjando el camino. Después de mucho andar y compartir en esta tierra sagrada con mi gente, finalmente un día obtuve el permiso de iniciar a un grupo de trabajo mágico fuera de México, con la bendición y el sostén de los abuelos. Este trabajo dio como resultado un puente de consciencia y sabiduría entre las Américas y Europa, con México y España como puertas. Luego de compartir el fuego con gente de otras razas y presentar e *iniciar* a algunos, fui mostrando que más allá de las costumbres había en el mundo mucho deseo de aprender y de compartir la magia de nuestra tradición. Fue hermoso ver por primera vez a una mujer blanca acompañar en el fuego a un guardián totalmente indígena en un rito inolvidable. Desde entonces, ruedas medicinales han corrido en otras tierras y discos estelares se han llevado como ofrendas. Todo ocurrió en su momento... en su tiempo perfecto. Claramente la base de mi hacer está ligado a éste mi lindo país, y son mis compañeros de aquí, los caminantes constantes, en conjunto con los abuelos, quienes sostienen este movimiento de expansión.

Al escribir estas líneas procuro mostrarte cómo tú y yo somos parte del cambio. Los abuelos saben que tiempos nuevos llegan y permiten que algo se abra. A mí me toca encauzar la energía y a ti estar atento y poder tomarla. Es una danza perfecta con la música de la vida, los compases del conocimiento y el ritmo perfecto de tu ser y el mío.

El río y el manantial son la misma agua

Las enseñanzas de los grandes maestros son, en realidad, un camino por el que ellos han alcanzado la paz, la redención, la libertad, la salvación, el conocimiento o la iluminación. Un relato de su búsqueda, su encuentro y su transformación. Sus enseñanzas, pautas y pistas son invaluables para quienes anhelan seguir sus pasos.

Es decir: el Buda enseña cómo alcanzó la liberación, y aquellos que tienen afinidad con él o con su búsqueda seguirán los pasos de su ruta. El camino ya andado por tantos al paso del tiempo va dejando señales e instrucciones relativamente simples de seguir. También es la energía del camino la que va encontrando los mejores buscadores y les comparte enseñanzas que resultan en formas efectivas para avanzar en el sendero. Sin embargo, el Buda recorrió su camino y lo hizo con total grandeza. Pero sólo recorrió *un* camino. Para sus seguidores, el más grande y correcto. Y luego, cada seguidor después de él, aprendiendo y practicando sus enseñanzas, ha hecho su propio camino. Al paso del tiempo, de los propios senderos van surgiendo nuevas comprensiones, técnicas y consejos que se van actualizando y se adaptan mejor para algunos, mientras que otros prefieren el camino clásico. Muchas de las grandes escuelas de evolución llegan a un punto en que, de tanto andarse, el camino se va ampliando hasta que termina convirtiéndose en una inmensa autopista por donde muchos pueden avanzar. Llegado a este punto se vuelve más sencillo guiarte por esa ruta, pues siguiendo las indicaciones y avanzando en un sentido, con perseverancia y consciencia, nos acercamos al objetivo. Todo esto nos da una idea de cómo se crea un sendero de desarrollo espiritual.

Ahora bien, si alguien pudiera acceder a todos los textos esenciales que los budistas han enseñado y memorizara todas las enseñanzas, conociera las reglas y fuera capaz de ver la ruta en un mapa, aún no le bastaría para llegar al destino. Faltaría lo más importante, lo indispensable: experimentar las palabras, conocerlas en consciencia, someterlas al desafío de la vida cotidiana y de las situaciones personales. No es lo mismo conocer el mapa y suponer el camino, que andar el camino, estar allí y comenzar el recorrido con tus propios pies, en tu vivencia, siendo lo que cada uno es.

Las enseñanzas de las tradiciones espirituales son valiosos tesoros, y las prácticas de estas enseñanzas son el uso correcto del tesoro. Vivir la enseñanza y la práctica es riqueza. Se pueden coleccionar tesoros, pero la riqueza es un estado interior que cada vez depende menos del tesoro.

Algunas de las más antiguas tradiciones no se gestaron sobre una sola presencia (maestro, divinidad o avatar), sino sobre una consciencia colectiva, de grupo, donde todos cooperan en la creación del camino y son muchos los que lo caminan simultáneamente por primera vez. El chamanismo, el animismo que está extendido por todo el mundo, el sintoísmo japonés, incluso el hinduismo más antiguo, surgieron con la suma de consciencias y el trabajo de generaciones, unificándose para dar a luz sus enseñanzas. Por eso sus marcos filosóficos y sus prácticas rituales son en general muy orgánicas. Crecieron como un arbusto, con muchos filamentos que en conjunto dan solidez a los fundamentos.

Me gusta pensar que incluso las más tradicionales sendas del despertar continúan creándose. Así, san Francisco, san Ignacio y santa Teresa siguen aportando sus propias comprensiones a la cristiandad, igual que el papa Juan Pablo II o la madre Teresa de Calcuta enriquecieron y acercaron esta tradición en nuestros tiempos. Hoy en día el Dalái Lama aún adhiere nuevas comprensiones al budismo, igual que hacen los imanes, rabinos, yoguis o sufíes a sus respectivos senderos. Y así, las grandes rutas siguen expandiéndose y enriqueciéndose de todos y por todos quienes las recorremos.

En el pasado, la ruta de la seda se hacía más amplia y rica, en el más amplio sentido de esta palabra, y cada pueblo por el que cruzaban los comerciantes dejaba perfumado el espacio. Cada nueva lengua enriquecía a las otras, y cada sabor se sumaba a nuevas cocinas. Las miradas se ampliaban y el compartir nutría los viajes. Así percibo yo la espiritualidad abierta en nuestros tiempos: es una espiritualidad que suma, nutre, entrelaza y enriquece todos los senderos que llevan hacia el más alto bien. La espiritualidad no necesita ser vociferada, insistida, impuesta, comprada o vendida. Las cualidades espirituales se descubren en la mirada, en la sonrisa, en tu sentir, en tu cantar, en el silencio y la manera en que realizas lo cotidiano, en como vives lo más sencillo, porque descubres que allí está lo esencial.

Podemos reconocer la espiritualidad en el hombre y en la mujer. En la bebé, el niño sonriente y la joven audaz. En la abuela pausada, en el valiente sanador, en la oración de la madre y en la paz frente a la muerte. Podemos también comprender las diferencias entre los ritos de cada pueblo y de cada tradición. Más aún: si te adentras, si miras con amor y comprensión, si te abres a lo esencial, descubrirás que no son tan diferentes las rutas ni tan distantes las enseñanzas entre los diversos senderos del despertar.

La espiritualidad es quietud, paz, claridad mental, ritmo, presencia y consciencia. Si experimentas estas cualidades y las cultivas, las expresas y te vuelves un poquito de todo esto cada día, de manera coherente, entonces estás en dirección a ser espiritual.

Trascender los conceptos

Por supuesto, para ser espiritual no basta con aprender los conceptos. La distancia entre conocer las palabras y *ser* las palabras es tan grande como la que hay entre el concepto de una ballena, el dibujo de una ballena y *una ballena de verdad*. Lo mismo pasa con los ritos que aprendemos.

La espiritualidad nos abre la mente y el corazón, nos despierta a la confianza, a la búsqueda de un sentido de vida, a la trascendencia, a saber hacer con una intención y a generar resultados útiles y armoniosos. En este momento, la espiritualidad es quizás el camino que puede llevar a la humanidad a cruzar los abismos del miedo, para encontrarse con un mundo, con una existencia mucho más plena, pacífica, armónica y benéfica para todos.

Espiritual es todo aquello que hacemos para llegar a ser, volver a ser o destapar el ser de sus velos. Es un proceso de comprensión. Algunos no entienden la esencia del ser, y sienten el deseo de llegar. Otros saben que ya son, pero sienten el impulso de volver al ser, al *Gran Ser*. También están los que sienten en su interior la Gran Presencia y buscan abrirle paso para que se exprese en sus actos y experiencias. Yo quiero dejarlo aquí. No hay correcto ni incorrecto, ni verdad absoluta. Para mí, cada uno debe actuar desde su grado de consciencia. Sobre esto profundizaremos en el segundo capítulo.

Entiendo que el rito es como el barandal de una escalera. Te permite, a través de la repetición y comprensión, dar sentido al proceso espiritual. Son los pasos que a base de repetición y comprensión van desarrollando en ti la técnica. Es importante como transferencia de información entre generaciones, como síntesis de conocimientos privilegiados que van encauzando la espiritualidad. La práctica consciente del rito va dando comprensión cada vez más profunda sobre el proceso. Sin embargo, repito, el rito no es la espiritualidad. Facilita y apoya en la transformación, mas no es indispensable para lograr la conexión ni la constituye por sí solo.

Las enseñanzas, por otro lado, sí son esenciales. Son los conceptos, referencias, mitos, anécdotas, escritos, reflexiones que construyen. Son el sistema sobre el que crecemos espiritualmente. Algunas personas en nuestros tiempos desprecian las enseñanzas milenarias y creen que pueden suplirlas con algunas ideas novedosas y huecas. Desde mi punto de vista, no podemos ir al futuro sin comprender que estamos sostenidos por el pasado. La honra de toda enseñanza y su estudio profundo (o al menos auténtico) van creando en nosotros una experiencia expansiva, una fuerza sobre la que podemos erigir nuestro viaje interior. Se puede mejorar la siembra con todos los avances de nuestro tiempo. Se puede optimizar el campo, darle un mejor uso al agua, utilizar la tecnología. Pero no podemos suplir la semilla. Es posible enriquecerla, pero nunca reemplazarla.

Si aplicas e integras los ritos y enseñanzas, notarás que te darán un buen soporte. Si te comprometes con una correcta práctica tendrás un punto de partida para elevarte hasta donde tu ser encuentre la mayor luz. Si los usas de forma correcta te conducirán a cultivar habilidades que te encauzarán a experimentar esa sensación de quietud y evolución más constante, plena y permanentemente.

Ten siempre presente que todo es parte de un proceso, y a medida que el proceso sea más auténtico, mejor transmitido y mostrado, más ampliamente practicado e interiorizado, los efectos serán más profundos y perdurables. Llegará un día en el que lo aprendido se hará indeleble en nosotros y conducirá nuestros actos. Entonces nuestras palabras, decisiones, hechos y relaciones reflejarán lo que llevamos dentro. Siendo espirituales, y no solamente *informándonos* sobre espiritualidad, es como veremos las consecuencias extraordinarias que este proceso nos aporta.

Pongamos un ejemplo básico: ¿cuánta gente conoces que practica yoga? Ahora recuerda cómo expresan lo que consideran que significa practicar yoga:

- Haber visto un video
- Haber leído un libro
- Haber asistido a un par de clases o a un retiro
- Mover el cuerpo regularmente en un gimnasio
- Pronunciar algunas palabras en sánscrito o incluso cantar unos mantras
- Parecer yogui, usando turbantes al estilo sij o dejándose crecer el cabello "como es costumbre"
- Hacer yoga por moda
- Pensar que inscribirse en una clase los hará espirituales (aunque no asistan)

El yoga, sin embargo, es infinitamente más profundo que esto:

- Es una filosofía, y una muy bella
- Es un conjunto de actitudes frente a los otros, códigos para vivir la vida, historias milenarias
- Es hacerte uno con el yoga: *ser yoga*

El yoga no es un conjunto de posturas, ropa ni frases en Facebook, ni tampoco palabras en otra lengua que repetimos sin comprender. Es *unión*; y todo lo demás es lo que te conduce a esa unión. Para poder llegar a lo puro, recorremos la senda y realizamos las prácticas, pero no basta con quedarse allí. Hay que ir más allá, llegar a lo auténtico y permanecer allí; hasta hacerlo florecer tanto que terminas siendo eso que buscas. Lo mismo ocurre con el chamanismo y con todas las otras disciplinas verdaderas. Algunos ven el mar, otros lo tocan, otros se sumergen, pero son muy pocos los que se vuelven océano.

A lo largo de este libro, en mis conferencias, viajes y retiros, yo enseño espiritualidad; nunca religión. No son lo mismo. Para mí es útil saber separar lo espiritual de lo religioso. Ambos se complementan, pero son distintos y no son necesarios para la existencia del otro. Respeto y conozco las religiones. Las honro y las veo como un sendero para muchos, y también festejo a todos aquellos para quienes la religión es hogar y ruta. Todo aquello que nos lleva a mejorar, a hacer el bien y a ser buenos con nosotros y con los demás es una bendición. Resalto que la espiritualidad es un contacto con lo superior a partir de nuestros propios recursos y de nuestras propias experiencias. Se puede ser espiritual y religioso, religioso y espiritual, solamente religioso o solamente espiritual. No hay mejor ni peor. Cada uno encuentra y aprende desde su consciencia y experiencia. Lo importante es que consigas escuchar la voz de tu interior y, con total valor y convicción, sigas tu sendero.

Ser espiritual

Vivimos en tiempos sumamente convulsos, entre mucha información tan disonante, rodeados de violencia, de agresión, con muchísimas cosas que nos saturan los sentidos. Cuando vamos a cruzar la difícil situación que dejan las crisis y preocupaciones económicas, la espiritualidad se abre como una ventana para respirar aire fresco, para poder conectar con lo que está más allá de lo aparente. La espiritualidad está para sanarnos y reencontrarnos con la armonía.

Ahora, cuando más polaridad se percibe, cuando más caos y desorden aparecen todos los días, necesitamos más que nunca la esperanza, la calma, la alegría y el sosiego que da el mundo espiritual.

Nuestro mundo ha evolucionado fundamentalmente por las ideas, por el pensamiento. Se ha movido, y lo seguirá haciendo, en el interior de las mujeres y los hombres, en la familia y en el clan. Luego, los efectos de este pensamiento se verán reflejados en el mundo de las cosas, en lo político y en lo social. Transformar el pensamiento es la única revolución auténticamente global.

Creo que el contacto, la escucha y el vínculo con lo superior son la fuerza de quienes creemos en lo divino. Los buscadores espirituales poseemos potencialmente la más poderosa de las semillas: la de la luz y la certeza en el más alto bien, con todo lo que esto aporta a la humanidad y al planeta en conjunto, intencionada para aportar a la evolución colectiva, para volver al estado de pureza y construir una mejor realidad para todos los seres.

La espiritualidad requiere ejercitarse constantemente, comprenderse profunda e íntimamente, experimentarse como un proceso delicado y constante para finalmente volverse hábito, es decir, *hacerse vida*. Llegará a estar tan integrada en nosotros que se expresará por nuestros ojos, reverberará en nuestras palabras y se hará sentir en nuestros actos.

La verdadera consciencia es vivir la espiritualidad aunque podamos errar y perdernos, reaprender cada vez y volver a la ruta. Hazlo por ti y por tus hijos, por el planeta, por los seres que habitan aquí. La semilla está en ti, la lección es tuya, y sólo tú puedes recorrer tu camino. Si miles de caminos como pequeños soplos se encauzan, terminaremos creando un poderoso viento que limpiará, moverá y trascenderá toda esta creación.

En la espiritualidad quizás hallemos una nueva posibilidad que guíe a la humanidad a cruzar los abismos del miedo para encontrarse con una existencia mucho más plena, pacífica, armónica y benéfica para todos. Éste ha sido el sueño y el anhelo de todos los grandes maestros.

Está claro que no todos seremos como estos grandes maestros, ni siquiera buscadores espirituales con experiencia. Pero sí podemos construir entre todos una espiritualidad sencilla, efectiva y cotidiana para crear una vida con sentido y consciencia. Debemos ir mucho más allá de las ideas obsoletas de pecado, culpa, obligación y fanatismo. Incorporar más acciones amorosas en nuestra vida, más ligereza y soltura en nuestro pensamiento, y sobre todo mucho más amor (para nosotros y para los otros) en nuestro interior.

Estoy convencido de que volverse espiritual es actuar en

coherencia, consciencia, congruencia y regidos por un bien superior. No hace falta ser perfectos, sino procurar, cada instante, llevar paz a nuestros entornos. No se trata de sonreír falsamente sino, por el contrario, vivir en gratitud hacia ti, en paz y compasión con quien eres. Se trata ante todo de *ser*, de *estar*, de *vivir* y de *trascender*.

¿Qué sentido tiene hacer un rezo en una lengua que no comprendes? ¿Qué sentido tiene hacer un ritual del que te sientes ajeno? Aprendamos a hablarle al manantial en nuestra lengua, con los ojos atentos a lo mejor y haciendo el bien con nuestros actos. Seamos limpios en las intenciones hacia quienes nos rodean y practiquemos los ritos más importantes: el del respeto por todos, el de gratitud continua, el de humildad frente a la Madre Tierra, el de compasión frente a nuestros fallos y, por supuesto, el de amar, amarnos, amándonos, amorosamente...

Ningún camino vestirá tu cuerpo de color si no vistes tu interior de propósito. No sirve colgar en tu pecho un símbolo, si no lo haces tuyo en el corazón. Recordemos que no se trata de parecer espirituales para mostrarlo a los demás. Lo esencial es serlo. Si tus actos, tu andar, tus conversaciones y palabras suman belleza, armonía y bienestar, si te mejoras constantemente y procuras la paz en tus entornos, si vives en un lindo flujo natural, si te sientes satisfecho y estás contento mayormente por lo linda que es tu realidad, entonces ya eres una persona espiritual. En ese caso, te invito a seguir, a volverlo un hábito constante, a expandirte y a cooperar con el despertar planetario, de todos los seres vivos y de nuestra hermana humanidad.

Recuerda: cuando una semilla florece, todo el jardín se inspira a despertar.

¿Qué es el chamanismo?

Esta pregunta es tan grande que me sería más simple responderla con una mirada, en un suspiro o mostrando mi corazón. Procuraré traer a las palabras lo inconmensurable y acercarte en estas líneas al regalo de su encuentro.

Empecemos diciendo que el chamanismo es una filosofía de vida. Una manera de estar en el mundo. Una especie de danza entre el plano físico y el espiritual o trascendente. Un camino para llegar o volver a ser, para fundirte en el *ser* y volverte *unidad*. También es un proceso de evolución, una actitud y sobre todo un grado de consciencia. Podríamos compararlo con unos anteojos que te permiten ver distinto, *más allá*; o con unos zapatos que te arraigan a la tierra y con los que das pasos firmes y seguros. Un chal con el que el universo te envuelve y te cobija un amor superior, un cinto que te hace responsable y observador de tus pensamientos, actos y consecuencias. Y un amplificador de energía que te permite manifestar tus deseos y acompañar un mayor bien para todos los seres y la evolución planetaria.

Sin embargo, el chamanismo también va mucho más lejos de estas imágenes. Es una base de pensamiento transcendental (en el sentido de que va más allá de lo ordinario), ordenado y armónico. Es la comprensión y develación de mitos, historias, metáforas, anécdotas, símbolos, prácticas y conceptos muy refinados que dan un sentido profundo a nuestra existencia y a la relación que guardamos con lo que nos rodea: el llamado mundo del *tonal* (esto es: el mundo de la percepción simple y de las formas) y aquello que está detrás, el mundo espiritual *nahual* (esto es: un mundo de generación, de creación, sutil y difícil de percibir con los sentidos habituales).

El chamanismo es un proceso de crecimiento, de despertar y de evolucionar que se apoya en la idea de la coexistencia de dos partes: una palpable y material, otra etérica y espiritual. En este camino las partes se integran para dar origen a un mundo y una realidad más amplia y espiritual, en la coherencia entre nuestro cuerpo y el mundo físico, nuestra emoción y espíritu. El chamanismo implica reconocernos como algo infinitamente más grande de lo que conocemos y abrirnos a la posibilidad de penetrar, vivir y relacionarnos desde una nueva dimensión con un plano sutil, y que se expresa de un modo muy especial.

Poder *leer* y *contactar* con ese entorno sutil es una de las grandes artes que despierta el chamán. Más adelante profundizaremos en cómo podemos mirar a través del gran espejo que sostiene la realidad. Para darte una idea, realiza esta sencilla visualización:

> Abre los ojos y observa el espacio que te rodea: la habitación, el jardín o el parque en el que estás leyendo este libro. Fíjate en las formas, los colores, la quietud y el movimiento.

Ahora imagina que estás mirándolo todo a través de un velo: piensa cómo la tela que está delante de tus ojos deja pasar una parte de la luz, pero no te permite ver todo con claridad. Percibes colores y formas, pero sin todos sus matices; sabes que algunas figuras están en movimiento, pero no puedes captar totalmente su intención.

Ahora imagina que eres consciente del velo que tienes delante y que comprendes que la realidad aparente está incompleta. Y entonces sabes que lo que ven tus ojos es sólo una parte de la realidad, y te das a la tarea de captar lo que está detrás del velo.

Esa visión completa es lo que nos enseña el chamanismo.

La visión espiritual del chamanismo implica entender la vida como una obra de teatro y saber que lo que vemos es sólo la parte del escenario, la que se muestra al espectador, pero que detrás hay un inmenso espacio en el que la magia se crea y, curiosamente, también se esconde para reafirmar la ilusión de lo que se pretende representar.

Sabemos que nuestra tradición surge en el corazón, que proviene del anhelo de despertar, del deseo profundo de comunicarnos con la vida, con la naturaleza, con el mundo, con lo superior. Aparece cuando un ser humano descubre que existe algo más allá de lo que ve en el mundo manifestado y encuentra algo más profundo en su interior y algo inconmensurable más allá de su percepción. El ser encuentra que no es sólo carne, que no es sólo sangre, que posee una parte que camina aun cuando el cuerpo no puede seguir (sólo así entendemos el sentido de los ritos funerarios).

Si el hombre antiguo mirara todo en sentido literal, la idea de que el muerto necesita seguir su viaje y ser apoyado con ritos, ofrendas y sepulturas especiales sería absurda. También encuentra que hay una relación entre el mundo que ve y el mundo que existe dentro de sí. Una conexión, un puente. Este hallazgo es quizás el principio de toda búsqueda espiritual y religiosa, sin importar la latitud o la época en la que se emprende.

El chamanismo también suma su respeto por la naturaleza, por el espíritu o la mente que conduce los ciclos, por la energía en las montañas y las presencias que habitan en los árboles. Observa y aprende a vincularse con los animales, con su parte material y con lo sutil de su consciencia colectiva o individual. Se adentra en lo imperceptible y encuentra lo extraordinario en lo más sencillo y poderoso. Habla el lenguaje del misterio y hace que su voz se escuche en el plano de lo etéreo. Se alía con los espíritus de la tierra, honra a sus ancestros, cuida y aprende de los animales y procura mantener la armonía con toda la creación, y no sólo con la parte que nuestros sentidos ordinarios nos permiten ver.

En el siguiente diagrama puedes ver los pasos de este hermoso proceso.

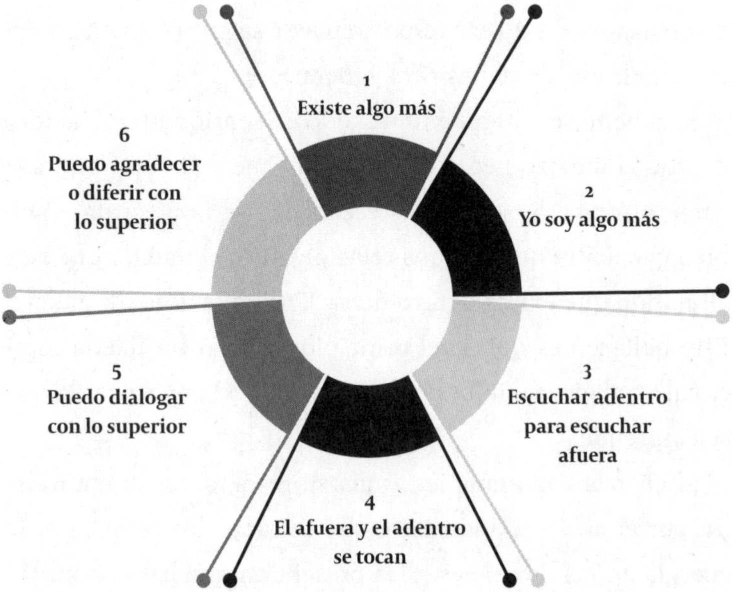

1. Me doy cuenta de que existe algo más.
2. Me doy cuenta de que *soy* algo más.
3. Comprendo que es posible escuchar más lo de afuera si escucho con atención lo de adentro.
4. Al poner mi atención en el adentro y el afuera descubro que existen lugares y momentos en donde ambos se tocan. Y, si estoy ahí, puedo cruzar ese puente. Ésa es la importancia de los templos, los caminos espirituales, los ritos en tiempos precisos y el mirar y entender las estrellas.

Cuando alcance los primeros cuatro elementos podré adentrarme en la última etapa, la más desarrollada:

5. Acepto que puedo dialogar con lo superior.

Y finalmente:

6. Descubro que puedo influir, negociar, pedir, agradecer e incluso diferir con lo superior.

De todas estas prodigiosas ideas, de estas bellas nuevas posibilidades, surgen los ritos, los cantos, las celebraciones, los lugares de poder y el vínculo con lo sagrado.

Cuando la mayoría de los seres humanos de cada comunidad dedicaban su vida a la caza, al cultivo de la tierra, a la recolección de alimentos o a la confección de prendas, un pequeño grupo se dedicó a mirar la naturaleza, las estrellas, el movimiento y comprendió que había *algo sutil* que estaba ahí, pero no era palpable. Estas personas eran "inútiles" a lo ordinario: diferentes, enfermas, viejas, curiosas, atípicas, especiales, que tuvieron tiempo y espacio para el silencio y la reflexión. Ellas se dedicaron a los dioses: a mirarlos, a buscarlos, a comprender sus palabras, a construir lazos que llegaran a ellos, a moverse para construir la posibilidad de un diálogo. Fueron estos bichos raros quienes, para hacerse valer en los clanes y servir a su comunidad, cultivaron la paciencia de mirar más allá.

Así, dedicaron su atención y energía por generaciones a aprender a comunicarse con la tierra y con el fuego, a llamar a los animales de poder, a sentir las plantas, a explorar la sanación no sólo del cuerpo sino también del alma. Todos estos seres extraños que vivían alejados, con vidas poco comunes, fueron vistos como locos y santos, como salvadores y grandes culpables, como los que cultivaron y conservaron las claves de lo sagrado. Cuando transmitieron sus hallazgos, se convirtieron poco a poco en los eslabones que, hasta nuestros días, han logrado perdurar la tradición.

El chamán en muchos sentidos es un *puente* que unifica, integra y enlaza dos realidades o dos mundos que, de hecho, nunca estuvieron separados. La idea de separación surge de una *realidad corta* atrapada en el mundo de la percepción habitual. Existe la posibilidad de regresar a la esencia, a la idea de que estas realidades se tocan, coexisten, se acompañan, se complementan; que una es efecto de la otra y que podemos adentrarnos en la profundidad de la segunda adentrándonos en los caminos de la primera. (Verás que entiendes este párrafo de manera distinta cuando hayas completado el libro.)

La mayoría de los hombres desconocen la existencia de los dos lados del puente. Hemos crecido, aprendido y sobrevivido en un lado, y parece no haber otro.

No existe más mundo que éste, le decían a Cristóbal Colón. Y en efecto: hace quinientos años, para los habitantes de Europa, el mundo terminaba en un solo lado del inmenso mar. El mundo que conocían se terminaba donde acababa su comprensión del mismo. Sin embargo, aquí en América habitaba un mundo completo. Aun si los europeos no hubieran cruzado el océano, ambos mundos habrían seguido existiendo. Pero cuando alguien creó el primer puente marino, la realidad de los dos lados se expandió y se enriquecieron mutuamente. Podríamos decir que en tan sólo unos meses el mundo creció y un corto tiempo después, cuando se realizó el primer viaje alrededor de la Tierra, el mundo volvió a crecer.

Pero ¿de verdad el mundo era pequeño y luego creció? ¿O resulta más bien que la mente angosta y limitada se extendió y pudo observar por vez primera que la realidad era mucho más grande que la que había soñado? Así sucede con el chamanismo: los mundos que nos desvela a través de la cosmovisión ancestral no están separados por el océano, sino por la percepción y la inconsciencia, que es quizá mucho más profunda y distante que el gigantesco Atlántico.

Valiente marinero del océano interior: te invito a que naveguemos al encuentro de otro mundo.

El encantamiento del sueño

Que hayamos aprendido algo de ningún modo significa que lo hemos aprendido bien. En este espacio en el que nos desenvolvemos de modo continuo vamos actualizando conceptos e ideas. Cosas que parecían ser de una cierta manera han resultado distintas. Existen muchísimos ejemplos: la tierra plana, el átomo como algo indivisible, el modelo heliocéntrico del universo, la solidez de los cuerpos y la inclusión o exclusión de planetas en el sistema solar: todas estas ideas que alguna vez dimos por sentadas fueron dejando lugar a otras nuevas conforme entendimos mejor lo que nos rodea.

De la misma manera *aprendimos* que existe una sola realidad, que las cosas son como hemos observado, aprendido, definido y decidido que sean. *Aprendimos* que hay un mundo en este plano (ahora nos abrimos a la posibilidad de otro subatómico); que el cielo y el infierno eran de algún modo otros mundos a los que llegaríamos luego de morir. Supusimos que Shangri-la, el nirvana, el Olimpo o el Valhala eran simples fantasías, y que los mitos y leyendas de los pueblos originarios eran producto de la imaginación. Nos autoconvencimos de un método *racional* como única herramienta de validación para todas las cosas.

El conflicto no está en tener percepciones equivocadas, sino en creer que tus percepciones equivocadas son realidades absolutas, y además querer imponerlas como leyes y determinar que quien no las comparte está en un error y debe ser juzgado y quemado, o al menos encerrado y condenado simplemente por atreverse a mirar de una manera distinta.

El mundo espiritual existe. Piensa en él como los rayos ultravioleta. Ambos están aquí, pero no los puedes percibir de modo ordinario. Ambos producen efectos en nuestra vida. Todos los días interactúas con los rayos ultravioleta y con el mundo espiritual, aunque no te des cuenta. Ni uno ni otros desparecen o aparecen porque creas o dejes de creer en ellos. Y también puedes reconocerlos y convivir con ellos, disfrutarlos y agradecer su presencia.

Nosotros los chamanes creemos que esos cielos, esos lugares de los dioses, esas tierras encantadas, los seres protectores y los espíritus de los ancestros coexisten aquí y ahora. Pero no lo hacen de la manera en que estamos habituados a reconocerlos como parte de la *realidad*.

Si esto es cierto, ¿por qué no los vemos? La respuesta vive en una muy vieja historia de los pueblos originarios del centro de México.

Hubo un tiempo cuando los hombres eran fuertes y auténticamente *vivían*. Cuando hablaban con los dioses y los seres del ensueño: guías, maestros espirituales, seres míticos, tótems, espíritus de la naturaleza y animales de poder. Cuando compartían el mundo, respetaban a la Madre, a las fuerzas de la naturaleza. Cuando todo transcurría en paz. Esa paz era apreciada y cultivada. Esa paz la compartían todos.

Un día, un poderoso ser llamado Tezcatlipoca (*Espejo Humeante*) pidió permiso para probar la fuerza y sabiduría de los hombres. Los dioses aceptaron el reto, confiando en todo lo bello que habían colocado en su más alta creación, pues sus hijos e hijas humanos llevaban en su interior el soplo de lo divino. A Espejo Humeante le pusieron sólo una condición: no podía atentar contra ellos, ni siquiera tocarlos. El *yólotl* (corazón) del hombre debía permanecer intacto.

Espejo Humeante construyó entonces un gran salón, como un gran corral, completamente cubierto de espejos inmensos, e invitó a los hombres a entrar mientras estaban distraídos. Deslumbrados por los reflejos, mujeres y hombres fueron acercándose y, como una manada atarantada, aceptaron.

Todos entraron en el salón torpemente, con la mirada baja, y se fueron acomodando casi sin darse cuenta. Luego Tezcatlipoca lanzó un humo denso que lastimaba muy sutilmente los ojos y distorsionaba la luz.

Poco a poco los hombres comenzaron a acostumbrarse a aquella extraña manera de ver el mundo. Todo cuanto miraban eran reflejos distorsionados de sí mismos y de los demás. Sus ojos comenzaron a permanecer más tiempo entrecerrados por el humo y fueron aceptando desde dentro una nueva realidad, incompleta y distorsionada. Se quedaron presos en una inmensa caja; pero no eran prisioneros de lo que estaba afuera, sino de la costumbre y de la cárcel de la percepción.

Entonces los hombres durmieron y soñaron con un mundo de luz y belleza, de seres fantásticos, de respeto, de armonía y de paz. Lo denominaron cielo. *Claro que el cielo no existe, sólo existe el gran salón*, pensaron: *Sólo lo que aparece en el gran salón de los espejos es real.* Poco a poco olvidaron el otro mundo, la plenitud, la grandeza, la vida y el mundo de verdad. Se fueron muriendo los lenguajes de la tierra y de los animales, la medicina de las plantas, los ciclos y los sonidos del cosmos, los encuentros con los ancestros y los seres superiores. Cada nueva generación que nacía dentro del salón se aferraba más a éste: el inconsciente fue haciendo más gruesos los muros y más altos los espejos, y el hombre se convirtió en su propio carcelero y se condenó pacíficamente a su prisión. Hasta llegó a inculcar a sus generaciones más jóvenes que aquella historia de una realidad más luminosa y plena eran simples fantasías de viejos. A esto se le llamó *encantamiento del sueño.*

Desde entonces los hijos de los hombres, que por generaciones nacimos allí, no conocimos otro mundo y aprendimos a vivir en el salón de espejos, sin nada más que nos detenga que la simple idea de que ésta es toda la realidad. Vivimos dormidos, atrapados en imágenes limitadas, percibiendo una pequeña fracción del todo, separados de los dioses-fuerzas y la magia. Somos presos de nuestros cinco sentidos limitados y del poder de lo colectivo que nos convence de la imposibilidad de algo más.

Algunos de nosotros, en las noches, cuando dormimos (o cuando nos dormimos a esta aparente realidad), podemos ver fisuras entre los muros y espejos: *recordamos*. Los sueños a veces son ventanas a *la realidad más plena*. Los símbolos, arquetipos y *señales* nos recuerdan de modo muy profundo que existe un allá, ¡más pleno que el aquí!

Cuando estamos en silencio, o verdaderamente abiertos a algo en nuestro interior o al recuerdo o intuición de la posibilidad de algo más, esto nos emociona y nos hace creer en la posibilidad. Por eso buscamos en lo alto de los montes, en lo profundo de los desiertos, preguntamos a los enormes árboles y anhelamos hablar con los jaguares y las tortugas: seguimos soñando con el despertar, seguimos confiando de modo muy profundo en otra forma de experimentar. De dejar la vida para encontrar La Vida.

Los chamanes hemos aprendido a ver a través del espejo. Por generaciones hemos sido entrenados en el desencantamiento, en procurar la vigilia, en resistirnos al humo que ciega. Fuimos descubriendo y fortaleciendo nuestras prácticas en estados elevados de consciencia, en ejercicios y rituales que hacen delgadas fisuras en el salón. Parte de nuestra misión es reconocer dónde hallar esas pequeñas fracturas y enseñar a otros a asomarse por allí, a buscar, a sentir la posibilidad, a volver a creer que aún hay tiempo para abandonar la irrealidad. Sin embargo, el humo denso aún pica en los ojos y la implacable llamada de todos los dormidos que habitan el salón, de todos quienes aún consideran que éste es el único hogar posible, los adormece y comúnmente se vuelven a dormir como si nada hubiera pasado.

Algunos aún hoy hemos podido experimentar cantos, ceremonias, caminatas, procesos de evolución muy especiales que por un instante rompen la aparente solidez y te dejan sentir el más allá. Mirar a través del espejo es inolvidable. En una sola mirada, todo lo que considerabas real se desquebraja, la consciencia se rompe y algo profundo en tu interior deja de sólo *sospechar* la vida y *la experimenta*. Luego el espejo regresa a su estado y tú vuelves a esta transitoriedad que habitamos: la *realidad* se vuelve a imponer. Pero ya no eres el mismo: has movido tu ser y ahora sabes con certeza que esa *realidad* es sólo un salón de espejos y humo. Y aunque no lo entiendes del todo, aunque pudiste ver muy poco, sabes que hay mucho... muchísimos más allá.

Recuerdo unas palabras que me transmitió un chilame maya en Izamal, y que te pueden servir para visualizar la posibilidad de asomarte, aunque sea brevemente a lo que está más allá de lo que llamas *realidad*:

Un cenote es una caverna subterránea, un lugar muy oscuro y húmedo. Si alguien entra allí en la oscuridad no es capaz de hacerse una idea de dónde está realmente. Puede ser peligroso y sin duda nos daría mucho miedo.

Ahora imagina que te dicen que allí abajo, en las paredes del cenote, hay un gran tesoro. De modo que desciendes con una pequeña tea que apenas ilumina tus pasos y te acercas a la pared. Puedes ver algunos colores azules y rojos, unas líneas negras y un poco de blanco. ¡Es todo tan lindo! ¡Pero no tienes idea de lo que ves!

De pronto un poderoso rayo destella en el cielo abierto y por un breve instante ilumina toda la oscuridad. Tus ojos se maravillan de las preciosas imágenes en tamaño monumental que se hallan en las paredes. Sabes que son imágenes de lo superior, narran una historia, poseen el corazón de la sabiduría y un sinfín de conocimientos.

El fulgor del rayo se acaba, y entonces la oscuridad vuelve. Tu pequeña luz te regresa a la penumbra y te deja ver apenas las líneas de lo que fueron las uñas del gigante que tuviste enfrente.

¿Qué imaginas que sentirías al volver a lo oscuro tras atisbar por un instante a ese gigante y sus tesoros ancestrales? Por supuesto, una parte de ti puede decepcionarse, entristecerse, sentirse abatida.

Ahora ábrete a lo que viste. De pronto se calienta tu fuego interno y te llenas de poder. Lo viste, sabes que está allí. No importa cuán poco te deje ver el pequeño fuego, tú ya sabes que eso existe, tienes certeza absoluta de lo que está en las paredes, y nada te hará dudar de ello. Aunque fue un instante, lo viviste, tus ojos lo contemplaron, tu corazón se iluminó...

Eso nos pasa a quienes miramos el nahual, el mundo espiritual detrás del espejo: nos sobrecogemos con la inmensidad que en él habita, y nos toca tan profundamente que nuestra historia cambia. A veces miramos sólo las líneas del pie del gigante; pero ya sabemos que *allí hay un gigante*, y que, aunque sea poco a poco, podemos encontrarlo.

Por eso los chamanes practicamos la ensoñación, el sueño lúcido y las prácticas de segunda atención. Por eso queremos enseñar las cuatro artes, por eso cooperamos con los senderos de evolución. Nuestro propósito es quebrar el espejo. Cuantos más hermanos lo golpeen, desafíen la dureza de la aparente realidad, cuanto más puedan distinguir el reflejo y el humo de la verdad y el espíritu, el salón desaparecerá tarde o temprano, y en gran medida su caída no será más que la toma de consciencia de que nunca ha existido.

Yo mismo me he cuestionado si Tezcatlipoca construyó el salón realmente, o si sólo lo sembró en la mente de los hombres, y nosotros lo vivimos como si fuera verdadero. Si quizá, pues, el salón es una proyección de nuestra mente autoconvencida de que no hay nada más.

A pesar de todo me gusta creer que lo divino no pierde la confianza en nosotros. Somos parte del quinto sol, del sol del movimiento: estamos intactos. Nuestro potencial está allí, la posibilidad de hablar con las fuerzas, de compartir la evolución, de vivir en armonía. Sólo estamos dormidos, sólo hemos olvidado. Caminamos distraídos, fuera de atención. Experimentamos. No estamos perdidos, sólo debemos salir del sueño y abrir los ojos: DESPERTAR.

Tonal y nahual

Tomando como punto de partida la historia del espejo, podemos abrirnos a la posibilidad de que vivimos, de hecho, en un mundo con dos profundidades, y que ya mencioné más arriba. Una es llamada *tonal*. Es aparente, "sólida", se manifiesta materialmente y la percibimos sólo por los cinco sentidos ordinarios. La otra, a la que llamamos *nahual*, es más profunda. Se encuentra detrás de la primera, o en su interior, en movimiento, sutil, hecha de energía plena, y sólo se percibe más allá de los cinco sentidos ordinarios. Para contemplar el nahual debemos ser conscientes de su existencia, abrir nuestra mente y corazón, abrirnos a nuevos canales perceptuales. Para experimentarla, nuestro ser habrá de expandirse, de trascender.

Es una difícil tarea describir estos mundos, pues al vivir inmersos en el tonal, al haber crecido aquí y reconocerlo como único, al usar todos los días sus referencias, su lenguaje y sus leyes, es complejo tratar de explicar el otro. El espacio del nahual o mundo espiritual corresponde a otro plano de vibración, a otra consciencia de la realidad. Es como mirar una película en un cine, pero saber que lo que vemos es sólo un reflejo, tener plena consciencia de que la película no está ocurriendo allí en realidad. La consciencia superior nos permite comprender que la película se grabó, se actuó y se vivió en otro espacio, y nosotros solamente miramos su resultado después de ser editado, producido y proyectado en la superficie. Podemos reconocer entonces que la película, por más realista que parezca, es una creación, una ilusión hecha para capturarnos por un rato y que busca convencernos de que lo que estamos viendo es "realidad". Y las buenas películas lo consiguen: nos involucran en la trama y nos hacen llorar, reír o temer a situaciones inexistentes. Lo maravilloso es que termina la función y tú vuelves a la vida.

Sin embargo, ¿qué pasaría si no pudieras salir de la película? ¿Te gustaría quedarte en una suposición y actuar como si esa fantasía ilusoria fuera la existencia verdadera? Algunas veces, por imposible que parezca, nos olvidamos de desconectarnos de la ficción. Es más: algunos se aferran a la idea de una vida *virtual*, falsa o aparente, que es una rotunda mentira. El chamanismo enseña de muchas maneras a reconocer la película y a disfrutar de ella, pero sin olvidar que es solamente una imagen proyectada y no *la vida* en su totalidad.

Es bonito aceptar el hecho de que la película y la producción no están separadas. La película es el efecto de la producción, y la producción es la causa de la película. Ambas partes se utilizan y se sirven, se complementan y se dan sentido. En la película proyectada en la pantalla están los personajes, la escenografía, el guion, la música. Todo esto forma parte de ella. Pero los actores que dan vida a los personajes, los objetos que utilizan, el vestuario, los diseños y efectos digitales que dan sentido de realidad a la escenografía, y la historia original que inspira el guion viven inmersos en la cinta. Están allí, pero no se perciben a simple vista. De hecho, de alguna manera la cinta los oculta. Quiere que olvidemos al actor y nos muestra al personaje. Quiere convencernos de que las imágenes del espacio exterior creadas por computadora son el verdadero espacio exterior, pretende crear una ilusión y meternos en ella. Y es perfecto jugar a entrar en la ilusión. Lo bueno es que sabemos siempre que la película nos cuenta una fantasía, y cuando termina y apago el televisor o salgo de la sala de cine, cierro el mundo ilusorio y regreso a la auténtica experiencia.

El conflicto de fondo para nosotros es que en nuestro mundo ficticio y cotidiano, de realidad supuesta e incompleta, la película no termina nunca. Nos confundimos y terminamos pensando que todo lo que existe es la proyección. Nos quedamos dormidos y terminamos creyendo que el sueño es la vida, y la realidad que hay en el mundo onírico es la única posibilidad. Ya no buscamos los orígenes ni el fondo mismo. Perdemos la oportunidad de salir de la fantasía. Y como nuestros antepasados, nos quedamos dormidos en un salón de espejos y humo.

Sé que éstos son conceptos nuevos para la mayoría de quienes leen este libro. Y por eso quiero aclarar que no es mi intención dar a entender que la vida tal como la vivimos es falsa: sólo pienso que está incompleta. Que a veces nos falta mirar las causas profundas, el sentido trascendente de la existencia; profundizar y reflexionar; tomar consciencia y expandirnos; volver a descubrir que hay *unidad* y *coherencia*, que el mundo no termina en lo que percibimos; que hay mucha profundidad. Que existe, pues, un *más allá*.

Te propongo que te abras a esta posibilidad y expandas tu visión para comprender la interconexión de ambos mundos, y quizás encontrarte con un sentido mayor y expandido. Recuerda que abrirnos nos dejará entrar en nuevos espacios; ir más allá nos mostrará realidades más profundas.

Podríamos decir que el nahual es la raíz del tonal. Sin embargo, tenemos excepciones a las reglas. Así, cosas que no existen en el nahual pueden aparecer en el tonal. Podría servirte imaginar que hay cosas que no tienen raíz, pero aun así aparecen. Estamos rodeados de un montón de cosas que facilitan la vida, pero carecen de una esencia espiritual, objetos de consumo que sólo satisfacen las necesidades más superficiales. Por otro lado, algunos pensamientos, ideas o creaciones que se gestaron en el tonal, terminaron generando una raíz en el nahual.

El internet, por ejemplo, nació en el tonal; sin embargo, tanta información, que circula por redes tan extendidas en todo el mundo, y que se ha vuelto *indispensable* para nosotros, ha terminado por echar raíces también en el plano del nahual. Hoy me atrevo a decir que hay una consciencia sutil detrás del internet.

Me gustaría agregar que llevo casi dos décadas escuchando estos conceptos, y más de diecinueve años procurando transmitirlos. Son tan vastos los mundos, que no creo que podamos clasificarlos. Pues la realidad tonal-nahual es muy amplia, y ambos están interconectados; por eso un pedazo de uno habita en el otro. Sin embargo, a partir de la observación y de la comprensión de las ideas fundamentales, podemos tener un ligero atisbo de esta enormidad. En el resto de este capítulo pretendo, mediante ejemplos simples, sin afirmaciones absolutas, dar las bases sólidas para ello. Pero no debemos olvidar que sólo son las bases: la torre que se erige sobre ellas es inconmensurable.

Para mí nahual y tonal son más dos facetas o expresiones de un mismo e inmenso mundo que dos mundos separados. Son causa y efecto, creación y manifestación. Origen y proyección, gestación y consumación, se acompañan, cooperan entre sí, se equilibran y se entrelazan con tal precisión que cuesta trabajo entender cuáles hilos vienen de cuál telar.

Mundo del tonal

El mundo del tonal, como ya anotamos, es mayormente material, físico: podemos percibirlo con los sentidos habituales (tocar, mirar, escuchar, oler, probar...).

Tiene una serie de principios o leyes: reglas que nos han enseñado a tomar como única realidad. Y aunque sólo es una parte de la totalidad, lo estudiamos constantemente con mucha atención y le damos mucha importancia.

Da la sensación de ser estable, seguro, y parece darnos certeza, aunque luego se desmorone. Se ajusta al racionalismo y, por lo tanto, es ampliamente validado por quienes practican sus métodos. Para la mayoría es la única realidad existente, dado que es medible, cuantificable.

Es el mundo de los objetos, de las cosas, de lo que nos rodea. En su mayoría es útil y auténtico, pero está incompleto, carece de espíritu, de esencia transcendente, de valor intrínseco: *es una cosa sin alma*.

Mundo del nahual-espiritual

El mundo del nahual, por su parte, es sutil, mucho menos evidente a los sentidos de nuestro cuerpo. Está en la esencia de las cosas. Habita en el mundo de las ideas, en la inspiración de los artistas, en la creatividad plena, y se expresa en las obras estéticas de toda índole y en los objetos que tienen esencia, energía y fuerza espiritual.

En una escultura es imposible percibir con los sentidos, de manera inmediata, el amor de un creador. Puedes apreciar la técnica, reconocer los materiales, evaluar la calidad de la obra de alguna manera. Todo esto forma parte del tonal. Pero no puedes captar el amor en la obra, pues reside en el nahual, que no tiene criterios establecidos ni calificaciones estándares.

No obstante, si te abres a buscar el amor en la obra, quizá puedas intuirlo, saber que está allí, sospecharlo oculto en el infinito tiempo de creación y entender más allá de tu pensamiento que impregna de presencia la obra misma.

El nahual se percibe muy a menudo en forma de innovaciones, de aventuras e ideas, de musas, de revelaciones psíquicas, de canalizaciones, de contacto con lo metafísico (tomando la palabra en su concepto original). Sin embargo, no es sólo para buscadores espirituales: también célebres hombres de ciencia, filósofos, ingenieros, escritores, investigadores de las más diversas ramas, alquimistas y exploradores han estado en contacto con esto que nosotros llamamos *nahual* y que otros llaman *inteligencia superior*, *plano causal* o con varios nombres más. El nahual se expresa en ocasiones como un inmenso campo de información, más pleno y amplio que el inconsciente colectivo de Jung, que está sobre lo sagrado, a su alrededor o profundamente inmerso en él. Sin embargo, sólo pueden reconocerlo las mentes más atentas, enfocadas o predestinadas para captar esta información.

Estimado buscador: a medida que tu ser desarrolle, poco a poco, una mejor comprensión de los conceptos y de la energía sutil a partir de la lectura de este libro, tú irás creciendo con él. Conforme tu consciencia se fortalezca podrás ir viendo cómo reconocer y entrar en conexión con ese increíble campo de información. Las puertas siempre se abren para quien llama con verdadera intención.

El plano del nahual es el semillero de la realidad como la reconocemos. Allí surgen las ideas, los sonidos, las obras de los pintores; de allí vienen las almas que luego se encarnarán en niños, de sus entrañas brotan los talentos, dones y recursos que luego desarrollamos aquí en la existencia. En su interior se gestan los senderos-destinos (procesos de aprendizaje) de los pueblos, las familias y los individuos. Sus raíces sostienen mucho de lo que definimos como realidad. Detrás de la casa está la idea del arquitecto, en la voz del cantor vive su historia personal, entre las líneas del escritor habitan sus propias vivencias personales. Todo está allí, todo vive inmerso, pero aporta a la creación un sabor, un toque, una energía muy especial. Esta dulzura, este agregado, marca la diferencia entre una comida preparada con cariño y un alimento producido de forma industrial.

El nahual les da a las cosas una belleza, un poder, una magia que las matiza, las lleva de ser simples objetos vacíos a tomar una fuerza y una identidad propias y reconocibles.

Mundos enlazados

El mundo del tonal es un mundo manifestado o mundo de proyección. En cambio, el mundo del nahual es el mundo de la creación, de la formación; un mundo sutil, de vibración; un espacio híper complejo que estructura información, y ésta a su vez se expresa en objetos, situaciones y un sinfín de efectos y ramificaciones en el tonal.

Hoy los avances en algunas áreas del desarrollo científico han comenzado a corroborar algunas de estas ideas, por ejemplo en experimentos a escalas cuánticas. Se ha constatado que una partícula que parece ser sólida (tonal) en realidad, en un nivel muy profundo, es una onda de vibración (nahual). Que los objetos que se muestran con solidez superficial y aparente (tonal) son en lo profundo energía (nahual). Esto nos lleva a entender de manera muy clara que somos en realidad más "nada" (energía no manifestada: nahual) que "algo" (manifestación física: tonal). Quizá la ciencia logre demostrar que el salón de espejos de realidades aparentes es sólo un juego de la escala en el que vivimos, y que en lo profundo, en un nivel más íntimo, ese salón que parecía sólido se desvanece y encontramos en su lugar sólo energía, luz y vibración. Y si lo comprendemos tal vez sea posible y alcanzable llegar a ser cocreadores de nuestra realidad.

Un ejemplo un poco más complejo, pero igualmente revelador, es el de la música. Ella surge de una melodía "inspirada". La inspiración es nahual, ahí está la creatividad de la pieza. Sin embargo, al escribirla en una partitura, se manifiesta en el mundo tonal. En un segundo momento, cuando el instrumento suena, se expresa en nuestra realidad como tonal, pero la pasión, la historia, la emoción y la fuerza del músico que la hace sonar es nahual nuevamente. Las instrucciones de la partitura y la técnica, la precisión y el ritmo del ejecutante son componentes sutiles del tonal. Pero la armonía interna, la alegría que producen las notas, el juego, la energía implícita: todo ello es nahual.

Si, además, la pieza musical se expresa en un teatro, lo palpable (el escenario, las butacas, los telones, los cielorrasos y lámparas, los cuerpos de los asistentes y de los músicos, los instrumentos, las partituras en sus atriles...) son elementos del tonal. Mas las emociones y recuerdos que la composición remueve, las historias que entreteje, la energía sutil de los espectadores, el vínculo entre el músico y la música, la comunión entre el ejecutante y sus oyentes... en fin: todo eso que no se percibe con los sentidos ordinarios pero que está allí embelleciendo, engrandeciendo y trascendiendo, es nahual.

Tal vez en el nivel del racionamiento consciente (que, como ya vimos, es mayormente tonal) no podamos reconocer las diferencias entre una y otra realidades. Mas si profundizamos, permanecemos atentos y observamos desde un lugar más elevado, sensible, abierto y expandido, podemos percibirlas sutilmente.

Por ejemplo, y para volver a la imagen de los alimentos: sabemos reconocer la comida con nahual: tiene amor, el toque de la abuela, el sabor de casa y toda una intención detrás. Por alguna razón sabe muy diferente de otra comida hecha con los mismos ingredientes y el mismo proceso de preparación, pero sin sazón, sin cariño, sin ese toque especial. Asimismo reconocemos en un lugar, por sencillo o fastuoso que sea, si está habitado con cariño, si tiene alma, si las cosas (tonal) están puestas con cuidado, con sentido de la belleza, con armonía, con la intención de sanar o hacer bien (nahual).

Los seres humanos tenemos un cuerpo físico tonal con órganos, aparatos y sistemas que se enferman en tonal y se reparan con tonal, mediante medicinas, operaciones y tratamientos diversos. Sin embargo, algunas veces nos encontramos con que un síntoma tonal no se revierte con medicina tonal. A veces debemos ir más profundo, a la búsqueda de una emoción o experiencia incompleta (usualmente nahual). También habitamos un cuerpo mental, emocional y espiritual cuyos componentes son mayormente nahuales. Es decir: el cuerpo y sus componentes físicos no bastan, hace falta el soplo de vida para poner todo en marcha. Un papá no es solamente un tonal que camina, trabaja, mantiene el hogar, corrige y duerme. Un papá, además, necesita nahual: presencia, ternura, paciencia, intención, voluntad y fuerza.

Mira con atención este libro. Las letras impresas con todo y sus puntos, comas y paréntesis, las palabras, oraciones y párrafos que forman, el papel y la tinta, el tamaño del libro y lo que ves en su cubierta, tus manos que lo sostienen y tus ojos que lo leen son expresiones del tonal. Los puedes reconocer de manera objetiva cuando miras el libro, cuando lo lees a alguien más en voz alta, cuando lo tocas y sientes su peso y textura, incluso cuando acercas la nariz y percibes su aroma a libro nuevo.

Sin embargo, hay cosas que eres capaz de identificar en ese mismo proceso de lectura, y que no están impresas en estas líneas: tu atención, tu presencia, mi cariño mientras escribo estas líneas, el conocimiento de los ancestros, la oportunidad de crecer, el potencial de cambiar… Todo ello está presente, todo amplifica y enriquece la experiencia. Esto que nos conecta a ambos en este instante… eso es nahual.

Esta conexión entre ambos mundos significa que hay cosas físicas que también son nahual, y cosas espirituales que también son tonal. Se integran, se tocan, y entonces se vuelve todo más amplio. En la interacción entre el objeto y el sujeto puede surgir un vínculo tonal o nahual. De hecho, están tan relacionados que a veces resulta difícil separar uno del otro.

Para un musulmán, una basílica puede ser un hermoso edificio, una gran manifestación artística con valor cultural, pero poco más. Ésa es una relación completamente tonal: son tonales el observador-sujeto y la basílica-objeto, apreciada solamente por sus cualidades físicas, estéticas y culturales inmediatas. Pero para un devoto creyente del catolicismo romano, la basílica de San Pedro es mucho más que una maravilla arquitectónica; tiene un significado, un sentido envuelto en siglos de creencias y fe. El devoto siente allí una puerta directa con lo divino, un encuentro, un refugio, un espacio sagrado en el que puede acercarse más a Dios. Ésa es una relación doblemente nahual, pues en esa realidad se sitúan tanto el observador-sujeto como la basílica-objeto. Evidentemente el sentido de trascendencia en este caso no está en la técnica de la pintura, el diseño arquitectónico, el material físico de construcción o la belleza de los espacios. Va mucho más allá: son la historia, los milagros, la presencia, la espiritualidad los que le dan sentido y vínculo.

Menos habitual es una relación en la que el sujeto es tonal y el objeto es nahual. Alguien no informado, despistado o simplemente instalado en su modo corpóreo, sin ninguna consciencia (tonal), puede llegar a un lugar especial en un bosque (nahual) y, sin saberlo, empieza a sentirse en paz, en quietud, en armonía, hasta que el lugar lo hace entrar en contacto con su profundidad (nahual interior).

También puede suceder que un monje profundamente centrado y en contacto con lo trascendente (nahual) use por muchos años un rosario de madera (tonal) con tal devoción y respeto, que termina impregnándolo de una energía y un conocimiento muy especiales. Lo transforma en un objeto con alma hasta que, a fuerza de tanto tocarlo con intención, lo convierte en una reliquia u objeto de poder (un poder que posee ya en sí mismo, más allá de la madera y la forma): una presencia sutil nahual.

Unidad y no separación

La percepción ordinaria separa, fragmenta, crea abismos inexistentes y construye fantasías duales. Los conceptos que aprendemos desde pequeños nos hacen ver una ruptura entre lo espiritual y lo racional, el cielo y el mundo, lo divino y la materia. Pero el nahual y el tonal nos recuerdan la unidad, nos muestran que en lo profundo todo está conectado, que somos parte de la totalidad. Cuando miramos la unidad, la perfección del ahora y la plenitud del aquí, inevitablemente estamos *en paz*.

El verdadero arte de estar despierto es poder hacer lo espiritual con una intención nahual y disfrutar lo material y mundano en el tonal. Existe algo muy particular que en chamanismo llamamos *enlazamiento*. Para entrar en esta coherencia debes procurar, cuando meditas o rezas, hacerlo en contacto con el espíritu, desde tu espíritu, por tu espíritu, dejarte envolver y llevar, gozarlo desde lo sutil y confiar en que todo está siendo recibido por lo superior. Date cuenta: para conectar con lo superior puedes o no tener una imagen de la divinidad, o vestir con una ropa especial o cotidiana. Un rosario lindo, unas velas que ambienten, un aroma que sume a la experiencia (tonal) pueden cooperar con un propósito fundamental. Todo esto es muy lindo y le puede aportar belleza, orden y equilibrio a tu intención. Pero no puedes perder lo sagrado, la esencia misma, el propósito, porque en este caso pierdes lo fundamental. Para enlazarte con lo superior debes cuidar todo lo que se relaciona con el nahual. Los elementos tonales que aparecen en tus momentos de práctica espiritual de ninguna manera pueden reemplazar la fe del devoto. Ni el más bello cuarto para orar, cuando está vacío de fe, puede la trascendencia del más sencillo espacio que se activa con la certeza y la esperanza en el plano espiritual.

Este enlazamiento no se limita a los momentos que consideramos más espirituales o sagrados. Cuando participes de un festín, hazlo con tus sentidos perceptuales expandidos (tonal): disfruta el sabor plenamente, goza con tu paladar y con tu olfato, mira la intensidad del color de todos los alimentos, degusta la dulzura del helado, disfruta la textura de una manzana y come con toda tu presencia puesta en lo que estás degustando. Éstos son los placeres que nos depara el mundo tonal. Y si además complementas esto con el nahual, transformarás lo profano en sagrado: imagínate agradeciendo la vida que en el alimento habita, tomando consciencia del viaje que hicieron los manjares para llegar a tu mesa, respetando la energía e información que posee cada verdura, animal, fruta o semilla que te comes. Con tu consciencia puedes elevar la simple ingesta de nutrientes hacia el plano de los milagros en cuanto reconoces el cariño con que se realizó un platillo y la vida que está siempre presente en él, y tomas la cena como si de un rito superior se tratara.

Comer solamente desde el plano espiritual o nahual sería básicamente un proceso de alimentación pránica (esto es: sólo absorbiendo la energía que necesitamos para vivir), de modo que la experiencia sería muy limitante, aburrida, casi triste. Existe un propósito, una razón por la que tenemos un cuerpo tonal; por eso es bueno disfrutar de él, tomar la vida como es, correr con las piernas, asombrarnos de las formas con los ojos, percibir la lluvia, calentarnos con el sol, honrar los colores y dejar que el aire nos nutra. El cuerpo es un regalo, y este mundo de tonal sin duda también lo es. El Gran Espíritu nos dio este mundo y este cuerpo como una bendición. Sé que honrar la vida y el cuerpo es darles uso y sentido, tocar, probar, sentir y encontrar el placer tonal con y para el tonal. Todo esto me parece bueno y necesario. No creo en el desprecio por lo físico, por lo material. Sólo siento pena cuando pensamos que lo corporal es todo, que ésta es la vida y la única forma de experimentarla. Entonces olvidamos lo magnífico que resulta el mundo espiritual.

La vida tonal, pues, es preciosa, y lo que habita en este plano es útil, bello y valioso. Sólo que también es incompleto. Existe la posibilidad de expandirnos, mirar lo profundo y, como yo lo veo, de completar la creación. Saber que lo que vemos de un árbol es sólo una parte de él. Que la rama no es la esencia, que la corteza es sólo su recubrimiento, que los frutos son sus efectos, que la sombra es una expresión suya. Pero antes de que pudiéramos ver ese árbol hubo una semilla que sigue dentro de él, en todo lo que en el árbol se genera. Es algo vivo, que tiene espíritu, consciencia y presencia. Que pertenece a una familia, tiene historia, es sabiduría, ha observado al mundo pasar aunque aparezca a nosotros sin ojos. Y cuando lo vemos moverse situados desde esta sensación de integridad, no vemos sólo hojas verdes removidas por el viento: vemos vida, magia, luz y un ser altísimo que baila, se desprende, juega, sabe, se alegra y se *vive* a sí mismo.

(Escribo esto frente a unos árboles hermosos. Cuando los observo con la mirada húmeda, ellos me ven también, los siento, me sienten, nos acompañamos, no son ellos objetos observados, ni yo sujeto observador. Ahora somos *nosotros*. En el *puente*, en la *vida*, somos más que nahual o tonal, más que árbol y hombre. Somos espíritu y chamán. Somos unidad. Somos totalidad.)

Hombres puente

Para quienes caminan los planos sublimes, es sabido que tonal y nahual están sobrepuestos e interconectados y que el chamán es el mediador entre esos dos mundos, el conocedor de ambos lenguajes. Nosotros los chamanes somos un puente entre ellos, un medio a través del cual el espíritu se expresa aquí. Lo comprendemos y lo cuidamos. Por otro lado, somos también mensajeros de las peticiones y necesidades del tonal, hacemos una traducción al lenguaje energético y entregamos a lo superior estos propósitos. Realizamos un viaje continuo, codificando y decodificando, mediando entre dos realidades. Así como el astrofísico nos traduce el lenguaje de las estrellas y el geólogo nos interpreta los misterios de la tierra, los chamanes traemos a la comprensión cotidiana las respuestas del Gran Espíritu. La consciencia y el servicio a ambos espacios y lo ininterrumpido de nuestro hacer a través de siglos, cooperan y sostienen las rutas que sustentan el tonal-nahual.

Entre el mundo del tonal y el del nahual hay realidades y códigos muy distintos. Poco a poco, al reconocerlos y emplearlos, recorremos y aprendemos el sendero rojo, que es, como escribí al principio de este capítulo, el nombre que usamos los chamanes para llamar a nuestra tradición filosófica.

El proceso para conocer el camino es muy hermoso, y lo puedes visualizar de la siguiente manera:

Imagina que estás caminando frente a un hermoso río y ves a la lejanía, detrás de las montañas, el valle. Entonces, con sólo *mirar al otro lado*, sabes que existe. Pero no basta con saber esto: inmediatamente después debes reconocerlo, saber que está allí, ser capaz de diferenciar el allá del aquí: *nombrarlo*.

Después caminas el puente. Te adentras en las montañas. Ya no estás junto al río de donde saliste, pero tampoco has llegado a tu destino. *Estás en el cruce entre dos espacios.* Vívelo, reconócelo: es un momento apasionante en el que aún tienes cerca tu punto de partida, pero ya puedes sentir la emoción de lo que te espera del otro lado.

A continuación, detente unos momentos con atención y *escucha* poco a poco, desde el puente, cómo se expresa el nahual desde el valle al que te diriges. No se trata de una escucha simplemente auditiva: es más bien intuirlo, sentir que el viento cambia, que la temperatura es diferente. Lo presientes, lo sabes, te empieza a envolver: te llama.

Finalmente, atraviesas las montañas por el puente y te

adentras en el valle. Ahora reflexiona: ¿cómo sabes que llegaste al valle y no estás en las faldas de la montaña? Ni la naturaleza ni el mundo espiritual tienen letreros o rejas que delimiten las fronteras. Sólo avanzas y, de pronto en unos pasos, ya estás ahí. Es como el amor: no puedes señalar un día concreto ni un momento exacto, va ocurriendo y de pronto ya estás enamorada. El proceso continúa. Aprendes a moverte ahí. Te integras al valle, lo recorres, te acepta. Obtienes el permiso para caminarlo, para mirarlo, para absorberlo. Eres parte suya: te sabes *incluida*. Ahora también tú quieres este nuevo espacio y descubres sus lenguajes.

Luego cruzas las montañas y regresas al río, a esa realidad que te es más familiar, y *traduces* lo que ocurre en el valle en relación con lo que conoces. Tratas de hablar de un inmenso valle como de un caudaloso río. Sus espacios, lenguaje, formas no son iguales. Pero ya conoces ambos lados.

Ahora imagina que ha pasado el tiempo y ya has hecho este camino muchas veces: del río al valle y del valle al río. Quizá tu tiempo en las montañas termine siendo mayor que el de tus estancias en tus destinos usuales. Cada vez eres más parte de ambos lados, pero también eres cada vez menos de uno de los dos. Pierdes tu espacio en el río: allá tampoco puedes estar. *Así que terminas viviendo en el puente, yendo y viniendo, llevando y trayendo.* Poco a poco pierdes la noción de cada uno de los lados y descubres que al paso del tiempo y con el desarrollo de la consciencia *terminas tú mismo siendo el puente*. Por siempre conectado con los dos lados, sirviendo a otros que buscan cruzar el umbral. Entiendes entonces que el río nutre el valle, que el valle es el río, que la montaña protege el valle y abastece el río. Entiendes que todo es parte de una inmensa red, que *todo forma parte de la unidad*.

Éste es el oficio del chamán: cooperar con los mundos y con las realidades. Tener un pie en el tonal, en lo físico, en el cuerpo, en el mundo, y entender más o menos cómo funciona, cómo se transita por aquí. Al mismo tiempo, tener el otro pie en el nahual, en lo superior, en lo trascendente, en el mundo causal, espiritual, inmenso, en contacto con la fuente y con la divinidad. El ir y el venir llega a ser tan cotidiano que terminas sin poder apenas distinguir un mundo del otro. Cuando cuidas de un niño, proteges su cuerpo, lo crías, lo alimentas. Pero también comprendes que es un ser luminoso, que tiene un desarrollo espiritual, que debes alimentar su ser con emociones y cariño, acompañarlo a despertar sus potencialidades. Así, uniendo ambas partes, podrías completar en ese pequeño una gran obra al cultivar su tonal y su nahual.

A medida que vives todo esto de forma más constante, consciente y natural, se vuelve una preciosa danza de ir y venir, un movimiento tan suave que se vuelve eterno presente. De esa manera vas conquistando la maravillosa capacidad de vivir el tonal desde el nahual, de resonar con ambas realidades y mirar lo sagrado en lo simple y ordinario, de respetar consciente y felizmente la profundidad de la vida en sus más diversas formas. A este fascinante proceso se le llama *danza de la realidad*. Junto con el nahualismo, el manejo de la medicina y la maestría del ensoñar, son las joyas del chamán. Esta idea aporta nuevas dimensiones a tu vida, a tu entorno, a tu ser. Logras mirar desde unos inmensos ojos lo pequeño y ajustar con un enfoque nuevo lo importante. A esto se le llama *atención*, y lo veremos con más detalle en el tercer capítulo de este libro.

Así como el mundo tonal se expresa en lenguaje lógico, numérico, objetivo, perceptual, el mundo del nahual se manifiesta en lo sutil, lo esencial, lo simbólico y las señales. A nuestro alrededor existen muchas causas sutiles, complejas de observar. Pero existen asimismo unas cuantas manifestaciones muy latentes y simples de percibir. Podemos notar cómo el sol ilumina y quema la piel, pero no los fotones ni las distancias enormes que han recorrido su luz y calor para llegar a nosotros, ni el tiempo que les ha tomado su viaje: no somos conscientes del proceso, de modo que simplemente nos conformamos con ver los efectos. Del mismo modo ocurre con el mundo espiritual: no comprendemos sus causas ni sus profundas intenciones. Sólo vemos las consecuencias, las manifestaciones. La mujer embarazada ve el efecto de su embarazo, pero difícilmente es consciente del instante espiritual de la gestación, cuando su niño eligió su vientre para encarnarse, desde donde proyectaron los tres (madre, padre, hijo) el sentido del encuentro. Vemos la silla, pero no su diseñador ni el tronco, ni el carpintero que le dio forma, ni la tierra que nutrió al árbol, ni el propósito por el que fue creada, ni su historia, ni la vida que un día habitó la madera...

Usualmente, cuando comenzamos a comprender todo esto de forma parcial, a asumir como nuestro este aprendizaje, nos preguntamos: *¿Cuánto del todo percibo? ¿Es más importante el efecto o la causa?* Cuando miro a una persona, en un instante genero un juicio sobre ella, a veces estoy cierto de que es la verdad y actúo en consecuencia. Pero todo lo deduje por lo que percibí con mis sentidos. Y si piensas que a menudo tus sentidos están atrofiados, limitados o presos en tu historia, tendrás que asumir por lo tanto que tu interpretación está distorsionada. Pocas veces miramos el más allá de esa persona: su historia, la de sus padres, su mundo emocional, sus sueños, sus traumas, su esencia, su grado de consciencia.

¿Para qué nos sirve, entonces, saber todo esto?

Es simple. Cuanta más claridad tengas, mayor será la óptica desde la cual podrás percibir la realidad. Tendrás más amplitud e información, y entonces podrás expandirte, comenzar a darte cuenta de que estás tomando consciencia. De eso se trata nuestro próximo capítulo.

Amplía tu visión, limpia tus ojos. El universo es mucho más grande de lo que crees.

Observa con los ojos más abiertos, pero no sólo abras los párpados o concentres las pupilas. Amplía tu consciencia, observa con las manos y, sobre todo, con la sensibilidad y con el corazón.

2
Consciencia

¿Qué es la consciencia?

Los abuelos me enseñaron que cuando una palabra te atrapa, te seduce, es porque tiene un sentido especial para ti. En la tradición, las palabras son expresiones del nahual que habitan en el tonal. Son energía vibrante y luminosa que vuela en el mundo de lo sutil y mágico. Cuando la palabra es escrita o pronunciada sin sentido, sin emoción, sin consciencia, la energía se seca y la palabra se opaca. Hay palabras muertas que son sólo letras apiladas, mientras que otras son vivas y despiertas. Puedo decir *amanecer*, *amor*, *espiritualidad*, pero nada expresa la totalidad de lo que esa energía es en esencia, de lo que *es* desde su totalidad.

Cuando te entregas a una palabra, la pronuncias, la dibujas, la contemplas, la usas y la honras poco a poco, la vas enamorando, la vas descubriendo. Entras en conexión con su esencia, con su verdad. Y así las que fueron antes sólo letras ordenadas se vuelven, a base de respeto, una experiencia

tablas y construye una mesa. Podemos descubrir cómo, según el nivel de consciencia en el que nos situemos, el significado, el valor, la relación y el vínculo con el árbol son abismalmente distintos.

Agreguemos otro ejemplo para comprender más profundamente esta idea. A veces no nos damos cuenta del potencial que hay en los libros. Una persona que no sabe leer, aunque sepa que hay palabras en esas páginas, no puede en realidad *darse cuenta* de lo que dice el libro. Un niño pequeño que conoce algunas palabras puede leerlo, pero sigue sin realmente tomar *consciencia* de él.

Otros pueden leerlo por completo, pero no lo comprenden. Quizás alguien con más experiencia de vida o más conocimientos generales puede *darse cuenta* de muchas más cosas mientras lee el libro. Y finalmente, al pasar los años, esa misma persona que parecía haber comprendido el libro cambia, se redescubre y atestigua nuevas posibilidades en la lectura de un libro nuevo o en la relectura de un libro favorito. Ha evolucionado, y al volver al libro se da cuenta (esto es: *toma consciencia*) de muchas más cosas que antes no aparecieron o no se supieron reconocer.

La consciencia es tan inmensa que parece inagotable, porque, aunque creas saberlo todo de un tema, a medida que evolucionas tu propia existencia te irá descubriendo una y otra vez nuevas posibilidades sobre lo que parcialmente "ya sabías".

La consciencia es un talento que se ejercita, como lo haremos a continuación.

Imagina que estás viendo el mundo a través de una ventana y, que esa ventana es todo lo que puedes percibir del mundo. Algunas veces olvidas que se trata de una ventana, e incluso llegas, naturalmente, a creer que el mundo es solamente aquello que puedes mirar a través de ese limitado espacio.

La ventana está cubierta por unas persianas que sólo dejan unas rendijas estrechas para tus ojos. Mira por una de ellas: puedes percibir, allá a lo lejos, un pedacito de mar. Sólo así existe el mar para ti: como un espacio diminuto y lejano de agua.

Ahora empieza a subir las persianas, de modo que la ventana se vuelva más amplia. Ya puedes darte cuenta de que hay mucha más agua y más espacio cubierto de azul de los que podías ver antes. Y si sigues ampliando la ventana cada vez más, puedes descubrir que afuera hay una inmensidad de agua.

Imagina ahora que no sólo puedes levantar las persianas, sino que puedes tener una ventana cada vez más grande, una que abarque de muro a muro y del piso al techo. Aunque puedas percibir mucho más del mar que antes, sabrás que todavía hay mucho más océano de lo que puedes advertir a través de tus ventanas.

Transpórtate ahora a un lugar muy elevado, sin muros que limiten la vista. Puedes ver muchísimo mar, una extensión tan grande como tus ojos puedan llegar a abarcar. Pero sigue siendo mínimo en comparación con la totalidad del

De la misma manera tenemos expertos que conocen a fondo la información conocida sobre un fragmento de conocimiento. Poseen una enorme consciencia sobre ese pedacito de realidad. Por otra parte, también puede haber personas sumamente cultas o instruidas, que miran desde una gran ventana lo que ocurre, que saben leer contextos, que saben ampliamente sobre una gran variedad de temas, que poseen una inmensa consciencia expandida. Dicho en términos de la profesión médica: podemos pensar en los especialistas como símbolos de la consciencia de profundidad (esto es: saben mucho de un puntito en la realidad) y en los internistas como ejemplos de quien sabe un poquito de una extendida realidad. En nuestra vida usamos ambas cualidades de la consciencia: en la amplitud nos expandimos hacia los bordes, nos enriquecemos de una mirada más amplia como la ventana; en la profundidad vamos hacia dentro, al detalle, a lo preciso, al núcleo.

Además de estas dos miradas de consciencia tonal existen nuevas ventanas con el nahual, el mundo espiritual. Adentrándonos en esa nueva mirada vamos siendo capaces de concebir, percibir y exaltar lo sutil y maravilloso del mundo *imperceptible* y de darnos más cuenta de una realidad superior. Esta manera de consciencia espiritual tiene a su vez su amplitud y profundidad. Con la debida proporción guardada, la amplitud y sobre todo la profundidad del mundo espiritual son inmensamente más ricas que las del espacio de percepción material.

Entonces, cuando nuestra consciencia se dirige a lo espiritual, en lugar de ver más árboles en el bosque podemos darnos cuenta de lo que hay detrás de ellos: podemos mirar las semillas, escuchar los susurros del viento, atisbar aquello que no se ve pero que sabemos que ahí está, los nutrientes del árbol, la savia que corre dentro de él, la luz que lo ha tocado, el rocío que lo cubre. Todo esto es sólo un símil, porque estos elementos que están dentro del árbol o lo rodean siguen siendo del tonal, siguen existiendo aquí.

En realidad, el siguiente paso es lo que realmente no tiene una manera de nombrarse aquí, pero que indudablemente existe. Y hay un montón de elementos que llamamos *milagrosos*, *mágicos*, *divinos*, que están por todas partes y aportan a esta realidad. Eso nos lleva a la consciencia de que una persona te puede mirar y su mirada será mucho más que los ojos de la persona: hay un *algo* en los ojos de la persona que no se ve, que no puedes extraer, que es la forma de mirar y que es el nahual. Hay un *algo* en el tono de su voz que va más allá de lo que oímos, que está expresando amor, dulzura o ternura. Eso que no se puede cuantificar, que no se puede medir, que no es perceptible al oído o a la simple vista o a ninguno de nuestros sentidos ordinarios... eso es una parte del nahual. La inspiración, la pureza, la inocencia de un niño, todas esas cosas van mucho más allá que nuestra propia percepción. Esta forma más profunda de ver el mundo, de descubrirlo una y otra vez, de ampliarlo, *es la consciencia*.

De los caballitos de juguete a un caballo de verdad

Recuerdo con ternura una época, en mi infancia, cuando, gracias a mi inconsciencia de entonces, yo creía que "conocía"

auténtico caballo salvaje y libre. Pese a haber visto un centenar de caballos, nunca había visto *uno de verdad*. Físicamente se parecía a todos los anteriores, pero no era igual. Mi consciencia se abrió. Me emocioné y el Señor Caballo se acercó a unos cuantos metros, sin miedo, sin duda, sin historia... simplemente se plantó frente a nosotros que, desde el auto, lo contemplábamos. Eso no era un caballo, o quizá sí, y todos los anteriores que había conocido no lo eran. Fue muy emocionante y duró poco. Descubrí que la consciencia siempre se expande, que tenemos mil oportunidades para abrirnos a ese cambio y esa expansión, que siempre podemos darnos más cuenta de aquello de lo que ya creíamos habernos percatado...

Un invierno por la noche estaba en la sierra del norte de mi México lindo; me encontraba envuelto en una cobija, sentado frente al fuego. Un gran chamán del pueblo rarámuri hacía movimientos y sonidos con maracas y un extraño tambor. Con su voz provocaba emociones y movía los espíritus de la noche. En un momento me miró con un solo ojo. Se reveló ante mí su nahual, su ser totémico, su animal de poder: un caballo. Se movía entre hombre y animal, su cabello suelto parecía unas crines y entre las luces de la fogata y las sombras nocturnas se "transformó" en caballo. Pude experimentar la consciencia sagrada de estos seres. Supe de sus misiones para con el planeta y la humanidad. Reconocí las intenciones y los propósitos de su especie, me descubrí bailando con él en otro plano, suspendido en su hermosura. Los percibí plenos, completos, enteros y poderosos. Mi consciencia se rompió para expandirse. A pesar de todas las vivencias, aún había mucho de lo que no lograba darme cuenta, de lo que significa ampliamente un caballo...

Cuántos caballos tuve que recorrer y reconocer para expandirme y aprender lo que es realmente *un caballo...* El viaje no termina, y mientras siga aquí quizá continúe comprendiendo la inmensidad de *ser caballo*.

El chamanismo nos muestra una ruta, para tomar consciencia de nosotros, de nuestro entorno, de lo que ocurre, de aquello que se expresa. De lo que percibimos, de lo que nos rodea y envuelve, de la profundidad y la amplitud en una gota de rocío, de la inmensidad del misterio de la luz. Además, nos muestra cómo entrar en contacto con el mundo espiritual. Por eso los chamanes sabemos que el mundo no termina donde lo hace nuestra percepción, sino que continúa mientras nosotros buscamos desarrollar sentidos de atención y consciencia para poder percibirlo. Expandir la percepción nos permite ver más allá. Cuando ampliamos la consciencia, nos damos cuenta de *ese más allá*: cuando podemos tomar información nueva, cuando el aprendizaje aparece frente a nosotros. En las próximas páginas complementaremos el ciclo, que va de la nulidad de la idea y la limitación de la percepción hasta el encuentro, comprensión, aprendizaje y puesta en marcha de una vida más plena, nutrida y extensa.

Expandir la consciencia

Ser consciente nos expande la visión, nos permite ver mucho más ampliamente lo observado y nos da la posibilidad de darnos cuenta del mundo y verlo con mucha mayor claridad. Una de las formas en las que se puede atisbar el grado de consciencia espiritual de una persona es mirando qué es lo que considera importante. De qué tipo de personas, experiencias, situaciones y proyectos rodea su vida, a qué dedica su energía y su tiempo. De qué cosas habla y qué anhelos persigue. Qué intenciones lo mueven.

Es evidente que existen diferentes niveles de consciencia, y resulta complejo establecer una comunicación o relación profunda cuando estos niveles son demasiado dispares. Un especialista en macroeconomía fracasaría si tratara de dialogar con un niño sobre la crisis económica mundial. Y conste que no hablo de inteligencia: simplemente uno de los interlocutores, el economista, tendrá necesariamente información, vivencias y una consciencia más elevada en ese tema en particular. Por otro lado, el niño podría estar viviendo una maravillosa experiencia mientras dibuja en un papel su mundo interior, con símbolos y colores que el adulto no es capaz de entender. El pequeño, a su manera, también puede alcanzar un grado muy profundo de consciencia mientras juega, reflexiona o aprende. Por lo tanto, en ocasiones la consciencia superior de un niño es incomprensible para un experto en economía global. No subestimemos a quienes tienen menos información en un área determinada, porque quizás en su mundo sean mucho más conocedores de lo que nosotros podamos imaginar.

Para ilustrar lo que estoy contado te propongo el siguiente ejercicio de imaginación.

Imagina una discusión entre una persona sobria y un borracho. Están discutiendo acerca del daño que produce beber en exceso. La escena es perfecta. Dos personas que hablan el mismo idioma, que aparentemente se están comunicando entre sí, cada uno desde un lugar distinto en la consciencia. Sin embargo, la discusión es una absoluta pérdida de tiempo. El borracho está en una consciencia… llamémosla trastocada por el alcohol. Y la consciencia del sobrio también puede estar distorsionada: limitada quizá por sus experiencias de vida, por sus dolores de infancia, por sus estudios en relación con el tema. Así que cada uno, desde su propia realidad, intercambia argumentos que en ese momento no alcanzan la realidad del otro. Es simplemente un sinsentido: para poder dialogar, debemos esperar a que cada uno salga de la embriaguez, de la necedad o del fanatismo, pues sólo en la apertura y en la disposición se hace posible tener un contacto saludable y, quizá, constructivo.

Intenta ponerte en el lugar de cada uno de estos dos interlocutores: la consciencia de uno está influida por el alcohol, y la del otro por sus improntas mentales, sus vivencias y sus referentes limitantes.

Reflexiona sobre cómo, además de las sustancias que puedes ingerir, existen muchas otras razones para que se distorsione tu consciencia. Algunas personas tienen limitaciones debido a las creencias, los juicios o la forma en que fueron criados. Imagina lo que ocurre en la esclavitud, que es una dolorosa realidad para quienes respetamos la libertad, pero un lucrativo negocio para otros. En este caso, el esclavista está en nivel distinto de consciencia de quienes no concebimos la posesión de otro ser. Y convencerlo será inútil, a menos que su percepción se expanda o elija abrirse a otra posibilidad.

Todos debemos tener apertura a mirar con otros ojos, a actuar de nuevas maneras y a percibir el mundo desde nuevos lugares. Todos tenemos alguna área en que somos limitados y podemos crecerla y expandir nuestra visión. Si eres capaz de seguir imaginando y entendiendo diálogos como éste, entre personas con disparidad grande en sus niveles de consciencia, lograrás avanzar en este camino.

Me viene a la memoria un recuerdo muy lindo sobre estos estados de consciencia. He conocido en más de una ocasión a personas que eligen hacer lo increíble. Esto es: lo increíble para mi nivel de consciencia, lo que está fuera de los márgenes de la realidad que vivo.

Una vez vi a una madre indígena pedir por el camino-destino del hombre que había atropellado a su hijo. Con una sonrisita, refiriéndose al victimario, me dijo: "Le doy gracias porque no me lo mató. Ojalá que deje ya el alcohol y sea feliz. Que tenga buen camino y haga de aquí para adelante el bien". El encuentro fue impactante porque, en mi consciencia, no existía realmente la posibilidad de desearle algo bueno inmediatamente a quien había dañado a una persona querida.

Había leído sobre actos compasivos, pero nunca había estado frente a alguien que actuara así.

Vivimos presos en una *realidad social* donde se distorsiona la experiencia. Para algunos, perdonar es errar: la única posibilidad es el rencor, incluso la venganza. Pero existe una manera superior de mirar las cosas, como lo hacen las personas que entienden que la compasión y el perdón liberan. Que se puede ser fuerte en la humildad. Son seres humanos increíbles, que entienden que puede perderse una discusión y a cambio ganarse la paz. Estos actos expresan claramente una semilla distinta, una convicción diferente, una gran cadena de eventos internos que los hacen *darse cuenta* y actuar desde el amor. Literalmente viven una realidad superior debido a que poseen una consciencia superior.

La consciencia nos impulsa a generar cambios, a trascender todo tipo de fronteras y a elegir. En diversos foros he defendido la idea de que la consciencia sin acción no es consciencia plena. Si me doy cuenta de un acto errado y no lo modifico, si no intento corregirlo o repararlo, entonces de hecho no me he dado cuenta de mi equivocación. Por eso después de tomar consciencia viene una acción, un cambio de postura, un proceso de congruencia que se manifiesta en mi ser y mi hacer. Tal vez al principio sea un pequeño cambio, la primera de muchas diminutas acciones; pero con el tiempo lo incorporo, lo vuelvo parte de mí, y avanza hasta que la consciencia me invade por completo y se vuelve *una forma de vida*.

Si vivimos rodeados de gente consciente, nuestra propia consciencia crece; si cultivamos la apertura, nos expandimos; si nos nutrimos de amor, terminaremos compartiéndolo.

Sé que muy a menudo resulta muy duro ser consciente en un entorno carente de consciencia. Cuando ves algo que los que te rodean no pueden (o no quieren) ver, es como describir un paisaje a ciegos o querer que alguien, sin referencia alguna sobre la lectura mínima, aprecie una obra literaria. Darnos cuenta de ello y no poder hacer nada al respecto se vuelve un desafío muy pesado. ¿Te ha pasado que a veces te haces consciente del sufrimiento de otros, de su desánimo o sus conflictos creados por ellos mismos? Puede ocurrir que para ti sea muy claro ver el conflicto, e incluso también la solución, y que al mismo tiempo, por fácil que parezca para ti resolverlo, para quien lo vive se manifiesta como algo súper complejo de resolver. Y sí: en ocasiones, por más duro que suene, a veces te toca enfrentar el hecho de que no puedes hacer nada. De que la otra persona no lo ve y tendrá que padecer su situación hasta que se haga consciente de ella por sí misma. En esos casos también nos corresponde asumir que no podemos mover la vida de otros, aunque sea por su bien. Aceptar con humildad nuestra incapacidad es hacernos conscientes, y esto nos lleva también a un estado superior.

Que quede muy claro: desde la consciencia siempre puedes hacer algo por tu camino, por tu historia y desde tu rol en relación con otros. Pero la vida de los demás les pertenece a ellos, y la llave para cambiarla está dentro de cada uno. La consciencia de fondo es siempre un acto personal. Puedes estar ahí, procurar ayudarles; puedes dar consejos, tratar de mostrarles hechos, problemas y caminos. Pero, definitivamente, no puedes hacerlos conscientes si ellos no lo logran por su cuenta. Te lo cuento yo, que he pasado muchos años intentándolo...

Comprendo que a algunos nos atemoriza la idea de que volvernos conscientes significa no poder expresar nuestras emociones, o que nos obliga a ser más bondadosos. Pareciera entonces que, por consecuencia, tendríamos que dejar de equivocarnos. Seamos muy cuidadosos en este punto: ser consciente no te hace ni perfecto ni inmune a fallar. Ser consciente te va acercando a vivir más en armonía, en sincronía, a disfrutar plenamente y *vivir* con mayor amplitud de miras. Pero no es un antídoto contra el error humano. La diferencia está en que quien es más consciente se da cuenta de su error en menos tiempo, procura repararlo, aprende de él y sigue adelante, mientras que la persona con una consciencia muy limitada no reconoce su fallo, se enfada y lo empeora. Una persona con una consciencia limitada se obstina y lo defiende, lucha contra quienes pretenden mostrárselo. Luego se queda atrapada allí por un tiempo indefinido. Su desenlace suele ser caótico y doloroso. Y algunas veces se mete en un ciclo de error y sufrimiento del que no logra escapar.

También comprendo los aparentes regalos que nos da la inconsciencia. Algunos suponen que ésta implica tener un permiso que nos proteja de hacer lo incorrecto o de dañar a los demás o a nosotros mismos por el simple hecho de desconocer lo correcto o saludable. Frases como: "es que no sabía", "yo pensé que esto no te iba a lastimar", "no me di cuenta" o "ya sabes que así soy y no puedo cambiar" *amparan* o *justifican* la inconsciencia. Dicho de otra forma: parece que ser inconsciente te da una licencia para hacer tonterías. Pero en realidad debemos dejar atrás las justificaciones, la irresponsabilidad, la aparente incapacidad y hacernos cargo de nuestros actos. Aprender a ver lo que hacemos, a reconocernos y observarnos. A asumir nuestra ignorancia y generar el valor para mejorarnos y crecer.

Conozco de primera mano los obstáculos y desafíos que se presentan en la búsqueda del darse cuenta. Cuando alguien lleva mucho tiempo drogado, enajenado o secuestrado por sus monstruos interiores ya no se acuerda de cómo es vivir fuera de esa realidad asfixiante. Es como si no quisiera abrir los ojos a la luz, porque lleva tanto tiempo con los ojos cerrados que se ha hecho dependiente de la oscuridad. Y, sin embargo, asumiendo las vicisitudes y afrontando los desafíos, puedo decirte: despierta a tu consciencia, ábrete y sé valiente, porque los resultados son simplemente espléndidos.

Alcanzar la cima más bella, en ocasiones, nos demanda avanzar por los senderos más agrestes, y cuando estamos en el agotamiento a mitad del camino o en la desolación frente a una piedra que se alza imponente, pensamos en desistir. Pero cuando nos sobreponemos a la vicisitud y elegimos continuar hasta arriba, llegar y contemplar lo que desde ningún otro sitio se puede admirar, la recompensa es total.

Tenemos que recordar enfáticamente que la experiencia, por sí sola, no nos da consciencia: la atención colocada en el aprendizaje que deja la experiencia es ese darme cuenta de lo que me permite tomar consciencia.

No es lo mismo pisar una baldosa suelta y caer, y repetir esto muchas veces, que darse cuenta de cuál baldosa nos hizo tropezar y, cuando volvemos a caminar por allí al día siguiente, recordar por dónde no debemos pisar. Muchos creen que cayendo cien veces van a aprender, y se caen doscientas y nada pasa. Tenlo presente: no es cayendo, sino *aprendiendo sobre la caída* como tomamos consciencia.

Leyendas y voces del tiempo

Para la sabiduría ancestral existen distintos niveles de consciencia. Los chamanes creemos que la humanidad estaba despierta en el pasado, en unidad y cooperación con la Madre Tierra y los seres vivos, en vínculo respetuoso con las fuerzas y las presencias del mundo espiritual. Que entonces caminábamos y dialogábamos con las divinidades y compartíamos la esencia de lo sagrado en nuestros actos y expresiones. El respeto al Gran Espíritu mantenía un orden y una armonía. Habitábamos el paraíso que, por cierto, no es un lugar físico, sino uno interno, reconocible en la interconexión de todos con el todo, en la paz y el amor que la unicidad da. No perdimos el paraíso: simplemente nos olvidamos de vivir en él.

Así que llegó un tiempo en que la humanidad se quedó dormida, se alejó del manantial, del gran corazón y de lo divino. Todo lo importante fue perdiéndose en el olvido. Desde entonces, estamos casi siempre atrapados en un espeso sueño. Perdimos la capacidad de despertar, de trascender, de creer en la creación, y le dimos la espalda a lo verdaderamente esencial. Es decir, estamos dormidos frente a lo importante: el amor en las relaciones personales, la vida en todas sus formas, la Tierra como madre generosa, el tiempo, la plenitud, el espíritu. Al despistarnos confundimos el camino y, dormidos, guiamos a otros individuos dormidos hasta perdernos casi por completo en nuestros propios delirios sonámbulos. Olvidamos el hogar y nos fuimos errando por áridos y desolados parajes en donde construimos una nueva experiencia, y a este lugar le llamamos “mundo”.

Así, comenzamos los peores intercambios: fuimos cediendo la unidad por el egoísmo, lo sagrado por lo “productivo”, lo esencial por lo urgente y la vigilia por el pesado sueño de la inconsciencia. Nos condenamos a mirar afuera y olvidamos vernos muy adentro. Llegamos así hasta el tiempo en el que ahora vivimos. Estamos muy despiertos a las compras, al consumo, al poder y al reconocimiento. Estamos dormidos a la ternura y al amor por los animales, pero estamos despiertos para amaestrarlos, usarlos como adornos y juguetes, humanizarlos y hacerlos parecer las personas que no son. Estamos dormidos ante el llamado del planeta y estamos despiertos a explotarlo. Nos hemos dormido a necesidades muy importantes y hemos despertado a cosas intrascendentes.

Los antiguos pueblos anunciaban que, en un futuro lejano, llegaría el día en el que los seres humanos le darían más valor a lo que no lo tiene, y despreciarían lo que tiene valor. Y ese tiempo es nuestro tiempo.

No podemos vivir nuestra historia sólo levantándonos para ir a trabajar, luego consumiendo cosas, después yéndonos a dormir y repitiendo esta misma rutina hasta el día de nuestra muerte. Si te detienes a pensarlo un rato, este ciclo sería más adecuado para describir máquinas que seres humanos. No: la vida merece ser expresada, *ser vivida*.

Hemos olvidado el valor de la tierra y del agua, y a cambio se lo damos a un montón de objetos de consumo que no tienen un valor real. No reflexionamos en que podemos quedarnos sin porcelanas, sin plásticos y sin ventanas, pero no sin agua. No podemos perder el valor de la tierra, no nos podemos comer una computadora, una aplicación o un teléfono. Tenemos necesariamente que comer lo que sólo la tierra da.

En estos niveles de dormición y de despertar, el chamán pretende invitar a las personas a despertar conscientemente. A abrir los ojos, a retomar la consciencia de lo que es importante, a ampliar su visión. Existen diversos senderos para despertar a la consciencia. Vamos a describir ahora los tres más comunes.

Tres maneras de aprender

Para algunos la tragedia, la enfermedad y el dolor, esto es: toda clase de *crisis*, son sus despertadores. Claro que están lejos de ser experiencias ideales, y por eso debemos llegar a un nivel de vibración planetario que no necesite ni una pandemia ni un hecho tremendo de proporciones globales para que nos movamos. Alguien con una pérdida puede "valorar", "apreciar" lo que ya no tiene. En algunos casos, la enfermedad te lleva a profundos procesos reflexivos y de toma de consciencia.

Pero lo cierto es que cuanto más primitivo sea tu nivel de consciencia, más hostiles serán las experiencias que necesites para despertar. Cuanto más duras y agotadoras sean las pruebas en el nivel físico, material o tonal, cuanto más sufrimiento tengas que experimentar para trascender, más baja será tu consciencia. Las consciencias superiores también tienen procesos de aprendizajes, con desafíos y retos. Pero son más sutiles, más etéricas, de una naturaleza más espiritual.

Otro sendero menos doloroso es el de la *casualidad-causalidad*, donde de pronto, en algún contexto, te cae encima la manzana del árbol y *te das cuenta*. Un libro, una película, un maestro, un instante de silencio de pronto irrumpen en tu espacio y te permiten despertar. Ojo: esto solamente pasa si estás atento, si observas, si mantienes tu mente receptiva y tu corazón limpio para aprender; hablaremos más de la atención en el capítulo siguiente.

Este sendero es emocionante. Empieza con las pequeñas señales: números que ves repetidos por todas partes, gente en la que piensas y te llama o te la encuentras después de mucho tiempo sin verla. Cuando lanzas preguntas y empiezan a aparecer respuestas... todos éstos son pequeños chispazos que te alientan a seguir buscando.

El tercer sendero es el que yo prefiero. Es el sendero del *despertar armónico*, amoroso y pacífico. Implica poder disfrutar de las experiencias, valorar lo que posees, prepararte y encaminarte para crecer. Es un sendero de observación, de diálogo con la vida, de atención y evolución. Quizás un maestro, que no es sino aquel que va unos pasos delante de ti en algún camino, pueda facilitarte este proceso. O tal vez lo haga el contacto con la tierra o navegar en el mar. Mirar al cielo, cerrar los ojos, escuchar lo superior. Cultivar el silencio, hacer movimientos corpóreos de plena atención, escuchar música atentamente. Llegas aquí cuando tú propicias el aprendizaje, cuando practicas la meditación, cuando haces caminatas contemplativas, cuando aprendes y ejercitas tu atención. Este peldaño, a diferencia de la causalidad que te llama a la puerta, tiene que ver por completo con tu búsqueda. Tú provocas el encuentro y la magia de la vida. En este lugar habitan los que dejaron de ser buscadores y comenzaron a ser *practicantes*.

"Todo puede inspirarte el despertar, pero sólo tú puedes despertarte." Esta preciosa frase me la enseñó un Grande. Él sabía muchísimo del mundo nahual y reconocía que todo lo había aprendido mirando un cerro. Su maestro de todo era ese cerro que observó diariamente por muchos años. Quiero detenerme y poner énfasis en *mirar*, que no es simplemente "ver": es atender con consciencia, sentir y conectar. Es dialogar con el cerro, aprender a quererlo, volverte su aliado. Hacerlo tu amigo, hacerte parte de su sueño. Este extraordinario hombre amaba a su cerro, y el cerro le contó sus misterios. Había entre ellos un vínculo estrecho de almas. Por eso sé que hoy, aun sin cuerpo y sin ojos, sigue contemplando el cerro y aprendiendo de él.

Esta clasificación de los niveles de consciencia se expresa bellamente en una leyenda que te voy a contar.

> Cuentan que la humanidad está metida en una pequeña caja de espejos y humo en la que hemos entrado todos desde que nacemos. Todo lo que conocen quienes nos crían es este espacio. Nos llevan allí los mayores, "los que saben", igual que ellos fueron llevados por sus ancestros. Si alguien se resiste a entrar, es amenazado con la

expulsión del clan, la indiferencia, la burla y el desprecio de la sociedad. En última instancia, padece violencia, sometimiento, presión. De modo que casi todos terminan entrando dócilmente, como pequeñas mentes atrapadas que no tienen más opción. Muchos más entran por el deseo de pertenecer o arrastrados por la ilusión de un logro que se consigue solamente dentro de la caja. Los que quedan, en su mayoría, no soportan la indiferencia, el desprecio o la presión, pero no todos eligen entrar…

Este salón se refiere a esa forma equivocada de mirar la vida como un espacio limitado, opaco, donde vemos los reflejos de lo que pasa y no lo que pasa en la realidad. Vemos centros comerciales llenos de cosas fantásticas, pero no vemos la devastación de recursos ni la explotación laboral, no vemos el precio que cobramos al ambiente ni cómo nos enajenan las compras hasta hacernos dependientes de productos y servicios absolutamente prescindibles. A veces no nos damos cuenta del daño que hacemos, hasta que ya hemos acabado con todo. No reconocemos el daño constante a nuestro cuerpo, hasta que aparece la enfermedad, ni el malestar continuo de nuestra mente hasta que padecemos un colapso psíquico. Somos insensibles al daño ordinario que sufrimos en nuestra historia de vida, hasta que con pesar descubrimos que no podemos hacer una buena vida. Por ser inconscientes, por no darnos cuenta, por dejar pasar la vida: estamos enfermos, presos de obsesiones, limitados a repetir el pasado. Con autocastigos invisibles, anhelos imposibles y perdidos, penosamente perdidos.

Cuando vivimos dentro de la realidad que se sostiene por los espejos, vivimos en lo que parece ser y no en *lo que es*. Un ejemplo es el mal uso de las redes sociales, cuando sólo reflejan lo que queremos que se muestre y no lo que en realidad está pasando. ¿Quién no se ha tomado una foto sonriendo, mientras que por dentro está destruido? ¿Quién no se ha puesto una faja para poder disimular un cuerpo que no le pertenece? ¿Quién no ha comprado una cosa más cara de lo que puede pagar para fingir una realidad que no posee? ¿Quién no ha abrazado a alguien fingiendo una amistad que no existe? A esas cosas que parecen ser pero que no son les llamamos reflejos, y alimentamos cada vez más una realidad donde abundan y todo parece ser importante en ellos, así que nos esmeramos para que sean muy visibles. Llegamos entonces hasta un punto en que resulta más importante lo que pareces ser y no lo que eres. Cuántas personas que no son respetables son respetadas porque parecen serlo, no porque en realidad lo sean. Y cuántas personas que no tienen la facha ni la apariencia de respetable resultan no vistas o despreciadas.

Coexistimos en un mundo con gran desarrollo aparente y abundancia de alimentos y, sin embargo, muchísima gente pasa hambre. Contamos con mucha tecnología y, sin embargo, hay pueblos enteros que no saben leer y que no se benefician del "desarrollo". Éste es el juego de las apariencias. Me parece curioso cómo le damos cada vez más valor a la caja que cubre el regalo que *al regalo mismo*. No centres tus esfuerzos en que el regalo parezca valioso. No permitas que la caja sea más importante que el regalo. No se trata de parecer algo verdadero y auténtico, sino de serlo en verdad.

En esta historia de la caja, el humo representa la distorsión como nuestros propios juicios, nuestro ego, nuestra manera de mezclar y de perder lo que es importante. Demasiados reflejos sumados al humo nublan realmente el sentido de la existencia. La distorsión es el consumo, el deseo de obtener, la competencia interminable, la insatisfacción infinita. Estamos inmersos en este terrible estado, en donde distorsionamos a otros, pidiendo que se disfracen para *la fiesta de la realidad*. Exigimos que todo sea aparente, que combine con la imagen que queremos externar. Que las personas se ajusten a nuestros ideales, que todo se mueva como una coreografía irreal para demostrar a otros lo que valemos. Pareciera que la linda familia es la que aparece en la foto, que el éxito está estacionado y encerado fuera de casa. Que un grado universitario es valioso porque lleva un prestigioso sello a su lado. Medimos el desarrollo en carreteras y comunicación satelital, en acceso a internet y crecimiento del PIB. Dejamos de lado la unidad familiar, la solidaridad, el grado de bienestar real, la salud en el seno de una comunidad, la funcionalidad psíquica, el respeto por la Tierra y el reconocimiento de la cultura y tradiciones propias en cada región.

Así que el humo nos distrae, con sus espejitos brillantes y llamativos bienes materiales, de la esencia humana, de la calidad interior y el sentido de trascendencia de nuestros actos.

Deseo para el tiempo por venir que se den bonos por altruismo, por humanismo, por bondad, por servicio. Que las organizaciones valoren a quienes cooperan por un bien común y que los padres feliciten a sus hijos no sólo por sus notas, sino por sus cualidades interiores, por su compasión, su sabiduría y la nobleza de su corazón. Que dejemos de ver la Tierra como una tienda de abasto infinita y miremos que es madre, hogar y vida.

Las distorsiones crecen porque la humanidad ha inspirado tanto humo, por tantas generaciones, que tiene ya demasiado alrededor de su corazón. Afortunadamente podemos limpiarnos con la consciencia, la atención, el respeto, la meditación. Pero, ante todo, podemos liberarnos del humo poniendo más atención a *la voz de nuestro ser interior*. La caja no es la única realidad. Hemos sido criados para entrar mansamente en ella y acatar reglas sin cuestionarnos nada, pero hemos sido *creados* para ser plenos y felices más allá de los límites de la percepción y de la apariencia de normalidad.

Necesito expresar con claridad que no estoy en contra de nuestro salón de los espejos por sí mismo. Sólo quiero que nos demos cuenta de que es un salón, una caja y *nada más que eso*. El salón más bello de Versalles o de Peterhof no se equipara con sus jardines, ni con el cielo que los envuelve, ni con la riqueza de la vida que los contiene. Aprende a reconocer el salón de espejos y humo, juega en él, diviértete, aprende lo que también tiene que mostrarnos y, si lo eliges, pasa temporadas allí. Pero recuerda bien que es sólo un salón, que es sólo *una minúscula parte de la realidad*.

Para poder despertar la consciencia se debe partir desde el reconocimiento del sueño, de la consciencia de la inconsciencia, del deseo de ampliar la mirada, desde la humildad para aprender y el valor de renunciar a lo conocido. Sólo quien descubre el salón puede reconocerse dentro, y quien camina hacia sus bordes puede aproximarse a la puerta de salida. Existe un sendero, una ruta para encontrar la ligereza y la ascensión que nos llevarán a la libertad...

Niveles del despertar

Los abuelos, los guardianes del conocimiento, me mostraron una especie de clasificación de los distintos niveles de consciencia. Son pasos que se perciben como peldaños de una escalera. Son parte de una ruta material, elementos que van poco a poco creando un pasillo que nos guiará hasta despertar. Cada uno es indispensable, y todos los seres comunes del planeta habremos de elevarnos un poco cada vez. Sin embargo, no se trata solamente de subir, sino también de cuidar el nivel adonde hemos llegado y evitar descender. Del mismo modo ocurre al subir una montaña cuya pendiente requiere de atención, técnica y presencia. Para avanzar en la consciencia debemos actuar, aprender y trabajar consistentemente. Lo difícil de asumir es que puede ser muy sencillo bajar si te resbalas. Tal vez lo que tardaste en subir en tres horas, lo pierdas en unos cuantos minutos si te caes. Ésta es la razón por la que te aconsejo que, en lugar de querer subir rápido, cuides muy bien hasta dónde has llegado. Algunas veces la mejor forma de ascender es simplemente no descender. Los abuelos llaman a estos peldaños básicos *niveles del despertar*.

Primer nivel: dormidos

En este primer nivel la gente está tan profundamente atrapada en el sueño, que no sabe que está *dormida*. Aquí encontramos a aquellos que están viviendo una mentira constante, pero tan grande, que no despiertan de ella, hasta que quizás es demasiado tarde, o incluso puede que no despierten nunca. Viven la irrealidad, centrados en los reflejos del espejo, atesorando el humo. Son autómatas, zombis vivientes. Son las personas que hacen lo mismo uno y otro día, sin que tenga sentido su vida, sin que tomen consciencia de lo que es valioso. Gente que cree que todo lo que hace está bien y por lo tanto se niega a escuchar y a abrirse a la posibilidad de que tal vez algo de lo que está haciendo no es tan bueno. Vive en un engaño completo. Es como la gente que esté tan drogada, que no es consciente de que lo está, en un mundo de enajenación completo. Son personas que usurpan identidades, que olvidan su origen, que fabrican fantasías con tal cuidado y dedicación que se creen su encarnación. Pueden ser "exitosos" sin que les importe nada más que lo que aparece allí. Autómatas funcionales, aparentes "dueños" del sistema que no se dan cuenta de que es dicho sistema el que los posee a ellos. Presos de la acumulación y el reconocimiento, endeudados eternamente con quienes proveen sus éxitos y logros. Ratones atrapados en un laberinto que consideran libertad. En su mayoría son personas que viven mentiras colectivas y están tan convencidas de su "realidad" que prefieren no tomar consciencia, que aceptan de buena gana la fantasía y no se percatan de que viven en una ilusión. Una gran parte de los seres estuvimos ahí, y la mayoría no ha salido de este estadio. Para quien sólo conoce su pequeño pueblo es complejo concebir que algo más está afuera.

Justo aquí quiero detenerme. Si alguien está consciente de que el mundo es amplísimo y elige de modo despierto permanecer en su pequeño pueblo, si elige una vida sencilla desde la responsabilidad, entonces es un ser consciente. La consciencia no significa necesariamente ir a algo más, sino *reconocer la amplitud de la vida*. Conozco a personas profundamente despiertas a lo espiritual que viven con total simpleza la vida material. No se trata de más o menos. Se trata de darse cuenta y actuar en coherencia con el más y el menos. De poder vivir ambas posibilidades con la misma serenidad y ser conscientes del aquí, del ahora, del allá, del adentro, de la posibilidad, de la sensación de plenitud, de la *vida vivida*.

Es difícil sacar a un dormido del sueño, porque a nadie que está profundamente dormido se le antoja despertar. Porque cree que su sueño es la realidad, porque es una zona de confort, se siente cómodo y seguro ahí, aunque todo sea falso. Yo creo incluso que todos estamos dormidos a ciertos aspectos y un poco más despiertos a otros.

Sin embargo, en la expresión del mundo y las realidades podemos tener una sensación mayor de lucidez, de iluminación o presencia. O, por el contrario, sentirnos superficialmente en control de la situación, pero internamente perdidos. El sueño es permanecer a oscuras sin sospechar que es posible iluminar la oscuridad.

Ni este primer estado de consciencia ni ningún otro es bueno o malo en sí mismo. Sólo traen consecuencias como todos los demás. En general, los dormidos se conocen como gente de *manada*: viven del sueño de lo colectivo aunque pretendan distinguirse. Van a la moda, quieren pertenecer, hacen del reconocimiento su alimento y compiten por ser especiales en un universo donde, en realidad, lo especial es lo que muchos elegidos dentro de la misma manada consideran así.

Cuando se habita en este bajo estado de consciencia, dañar o herir no es malo. Todo está permitido según las "reglas del ego", y si éstas no se ajustan al momento, las cambian y las adaptan tanto como necesiten que "encajen con su consciencia". Una persona profundamente dormida no puede asumir responsabilidades. No se da cuenta de que sus actos generan impactos en la vida de otros, ni entiende por qué matar o abusar de otro tiene algo de malo. Es desesperante mirar cuando nosotros mismos nos quedamos dormidos. (Date cuenta de que si yo mismo me doy cuenta de que me quedé dormido, evidentemente no estoy tan dormido.) A veces nos dormimos por temporadas o cíclicamente nos detenemos en un profundo sueño. Simplemente olvidamos la consciencia, perdemos la facultad de elegir. Somos secuestrados por las deslumbrantes fantasías, nos entregamos voluntariamente al plástico y efímero sueño del mundo.

Si le robo a los pobres es porque no tengo consciencia real, ni de quién soy, ni de lo que es robar, ni de lo que significa la pobreza. Puedo asesinar a una especie porque me siento superior, porque pago por matar o porque simplemente es así como se ha hecho y como "debe" seguir haciéndose. Estamos encadenados a dichas ideas como si éstas fueran la realidad. Podemos vivir en un planeta como éste y solapar las guerras, la violencia, la desigualdad, el hambre, los ecocidios, la explotación humana, la economía de esclavitud, la injusticia jurídica, las crisis de valores, porque somos mayormente una humanidad dormida.

Imagina que eres un renacuajo que vive en un charco. Cuando eres pequeño, crees que tu charco es toda la realidad. No te hace falta ir más allá, te sientes "seguro", en control de tu vida. Te comparas con los otros renacuajos y eres más grande y hasta famoso entre los renacuajos de tu charco.

Pero un día te habla un ser horroroso, un ser que no se parece a ninguno que hayas visto antes. Te habla en un semilenguaje que no comprendes y te cuenta con una inusitada emoción que existe un espacio mucho más amplio y limpio llamado estanque. Sin embargo, hay una dificultad: para ir allá, tienes que salir de tu charco y crecer.

Como renacuajo no crees en el estanque, no escuchas porque no quieres escuchar. Simplemente no existe más que lo que conoces: es tu hogar y sabes cómo vivir aquí. Aquí tienes poder y una firme sensación de control. Así que ni siquiera escuchas lo que te cuenta este ser asombroso: "Son tonterías", piensas. Al pasar unos días olvidas el diálogo y la posibilidad de ir a un mundo más grande, y te sientes "feliz" de poder volver a dormir.

Cuando estamos muy, muy dormidos, ni siquiera percibimos a los que son diferentes ni la posibilidad de ser distintos a como hemos venido siendo. Nuestro sueño puede ser una pesadilla, pero es nuestro sueño y sólo así sabemos vivir. Nos aferramos a lo conocido y dormimos profundamente...

Segundo nivel: sueño ligero

El segundo grado del despertar se denomina *sueño ligero*. Ocurre cuando las personas están muy dormidas pero, de pronto, hay algo... un pequeño espacio, apenas un instante, en donde se dan cuenta de que están dormidos. Y no saben cómo despertar. Entonces se cuestionan si existe algo más. Si la vida tiene sentido, si lo que están haciendo realmente los hace felices. Surge un espacio en donde revisan lo que es la dicha, la plenitud, donde reencuadran el sentido de su alegría. Se detienen a mirar si la vida que tienen es toda la que podrían vivir. Puede suceder porque sufren un quiebre, una pérdida o por una experiencia placentera. Porque se dan cuenta de que alguien vive de una manera diferente. De cualquier modo, es sólo un momento, un poderoso momento que puede influir en toda su historia.

Cuando alguien ha vivido siempre en la suciedad y no conoce que hay una posibilidad de vivir en el orden y la limpieza, simplemente no aspira a eso. Pero cuando ve a alguien que huele bien o llega a un lugar más limpio, se da cuenta de que existe esa posibilidad; ahí empieza el sueño ligero.

Es la potencialidad de que el mundo no sea únicamente como lo conocíamos.

Y una vez que en el sueño ligero nos damos cuenta de esto, nos volvemos a dormir. Entonces regresamos al mundo del sueño, pero algo cambió: ya sabemos que hay otros caminos, otras realidades... y se abren nuevas posibilidades.

Cuando se tiene una experiencia de lucidez, la vida no puede volver a ser igual. Una vez que nos hemos dado cuenta de que el placer es posible, de que una emoción puede llevar a enfermarnos, entonces la vida no puede regresar al punto de partida y volverse a vivir igual. Una vez que nos hemos dado cuenta de que vamos a morir, o cuando hemos experimentado el amor verdadero, o si hemos sentido un alto grado de gozo, vivimos distinto. Aunque nos volvamos a quedar dormidos, algo ha pasado que nos llama a despertar. Cuando hemos probado un delicioso aroma o visto el mar por primera vez, por siempre sabremos que ese aroma existe y que la inmensidad de las aguas es real. Aun si no volviéramos a percibir el perfume o a estar de nuevo frente a la costa mirando el mar, en nuestro interior sabríamos que eso existe, y nada podrá arrancarnos esa bella experiencia de realidad. Ese milagro se llama *crecer en consciencia*.

Ante esta experiencia, algunos buscan simplemente cerrar los ojos y quedarse dormidos como si nada hubiera ocurrido. Quizá piensen que es más cómodo, pero, aunque lo intenten, nada será igual. Un solo beso de amor se queda indeleble. Aunque sea uno, sólo uno, perdurará en tu recuerdo.

También hay quienes se evaden o inhiben la experiencia y desean eliminarla, ya sea porque les da miedo, o porque no tienen voluntad para seguir con los ojos abiertos. Tal vez porque son codependientes o simplemente por *gusto*. En este estado, la fisura que se genera, la imagen de "vida conocida" sufre un golpe, se titubea, duele, espanta, da miedo, pero si se cruzan estos primeros impactos llega después la posibilidad, la esperanza. Todos los que hemos evolucionado en la consciencia experimentamos este instante mágico. Cuando fuiste capaz de hablar o caminar, entraste en contacto con una realidad mayor. La primera vez que supiste que podías pronunciar una palabra, aunque fueran sólo dos sílabas, la oportunidad de conquistar el lenguaje se abrió para siempre en ti.

Imagina ahora un charco distinto del primero, donde viven algunos renacuajos sonrientes y dormidos, y una mañana brilló inusualmente el sol en un ángulo perfecto y el agua siempre turbia y oscura se aclaró. Entonces, entre los destellos de la luz que sólo se dan a una precisa hora de la mañana, piensa que eres un renacuajo ni más chico, ni más grande, ni más feo, ni más lindo que los demás, pero que pudo ver entre la luz que penetraba el agua una imagen hermosa y particularmente distinta, con un bellísimo color. Era una especie de sueño. Al percibirla sentiste una ráfaga de viento que te cruzaba el ser entero al oír unas palabras: "El mundo es mucho más grande y bello... ven a descubrirlo".

La luz del sol siguió su marcha y la oscuridad del charco volvió. Quisiste contarles a los otros lo que habías visto, describirles la imagen, transmitir tu emoción. Pero el resto de tu manada no pudo ni quiso entender: “Estás loco, bien loco. Todos aquí sabemos que todo lo que existe es este inmenso espacio que es un charco. Ya lo han enseñado los sabios renacuajos del pasado. Todo cuanto existe está aquí en este charco. Así que déjate de tonterías y vuélvete a dormir”.

Así que guardaste silencio, procuraste recordar cómo era todo antes del milagro de la luz. Evitaste pensar en esa rara experiencia y hasta llegaste a pensar que sólo había sido un sueño... Pero en tu interior algo seguía encendido, algo te inquietaba, y una frase resonaba dentro cada vez con más fuerza: “El mundo es mucho más grande y bello... ven a descubrirlo”.

Tercer nivel: ensoñados

Me recuerdo muchas veces a muy temprana edad, parado frente a los libros, pensando que era imposible saber todo lo que decían. Cuando los abría me sorprendía la cantidad de letras que abarrotaban sus páginas. Luego pude reconocer algunas. Aprendí las vocales, pero si en los textos no aparecían trazadas en la forma precisa como yo las había aprendido a ver, no lograba reconocerlas.

Una tardecita cálida estaba con mi abuelito sobre un sillón negro y empecé a esforzarme por leer una palabra larga.

Cuando poco a poco fui hilvanando sus partes y logré pronunciarla del todo, una inmensa alegría se apoderó de mí. Apenas supe leer una palabra y, sin embargo, en un momento, todas las palabras y todos los libros se volvieron alcanzables. En ese momento me tocaba aprender más palabras, nutrir y ejercitar mi capacidad, construir el conocimiento y mantenerlo despierto en mí.

La *ensoñación* es ese momento cuando te encuentras con la *posibilidad*, cuando el sueño ya no es total. Has salido del encantamiento de la ignorancia, del estado de aletargamiento. Has conseguido, al menos por un momento, un pequeño despertar.

El tercer nivel es mi favorito. A quienes están aquí los conocemos como *ensoñados*. Éste es el estado de consciencia en el que se pueden empezar a hacer las cosas diferentes, y en el que es un gusto cooperar y trabajar. Se ha visto la luz, se tiene certeza de la expansión, se ha tomado verdadera consciencia de otros estados. La realidad se ha expandido. Ya hemos experimentado otro mundo. Ahora el desafío es seguir, conquistar, mantener los ojos y el corazón abiertos. Es un gran reto estar ensoñado. Como cuando amaneces cansado y quieres que tus ojos estén abiertos, quieres despertar; sin embargo, las pupilas te pesan, la cama te atrapa, el cuerpo no te ayuda y muchas veces te quedas dormido. Lo emocionante es que el sueño a menudo ya no es placentero (aunque algunas veces sí), pero generalmente, aún dormido, piensas en el despertar.

La idea de víctima queda atrás en los primeros dos niveles: sólo para quien aún duerme, el mundo "malévolo" lo daña, lo perjudica, lo limita, lo lastima, lo ataca, y todo ocurre injustamente. Sólo para quien está roncando, el afuera malvado lo daña y lo destruye. Pero para quien esta ensoñado o despertando, todo es responsabilidad. Fuiste tú, eres tú el sembrador. La vida sólo amplifica y manifiesta tu hacer. El universo recibe, ordena y manifiesta aquello que desde dentro tú le has dado.

Imagina a una persona que vive en la ciudad, en un edificio gris, donde sólo viven adultos aburridos, donde todo es rígido y los vecinos viven una existencia igual de gris que el edificio. Además, se levanta todos los días a la misma hora, se va a trabajar con gente gris y regresa gris, a la misma hora gris, de su rutina gris.

Si ésta ha sido siempre su historia, ¿de qué color crees que vea la vida?

Este hombre siempre ha pensado que la vida es trabajar, ganar dinero, comprar una casa gris, tener una familia gris y morir gris. Vive atrapado en ese opaco sueño. Y todo está bien, mientras el gris sea lo único existente o perceptible. Así lo enseñaron sus padres, así lo hace la gente que conoce, así lo validan los que "saben". Entonces, así debe ser...

Pero de repente, un día, observa a alguien en la calle sonriendo, y se da cuenta de que un brillo de color verde limón emerge de él. Toma consciencia de que entre el tumulto gris alguien sonríe en verde y lo explora, descubriendo que él también puede sonreír, y un pequeño brillito verde seco emana de su sonrisa. Entonces, esa sensación verde que se puede disfrutar le llama la atención y se pregunta: ¿por qué está sonriendo?, ¿qué pasa ahí?, ¿por qué actúa de manera distinta?, ¿por qué es amable?, ¿de dónde viene ese lindo color brillante? Aunque le ha fascinado lo que ve y lo que percibe, se vuelve a quedar dormido, porque piensa que es muy raro y difícil hacer el cambio.

Otro día encuentra al que sonríe en verde y conversa con él. Se sorprende al descubrir que hay una forma de irradiar verde y pasarla bien en el trabajo. Entonces intenta mostrar el verde a sus vecinos una vez, pero como no le resulta y le va mal en ese día, vuelve a su casa gris y se deja atrapar de nuevo en ese grisáceo ciclo conocido.

El ensoñado es quien ha experimentado eso. Lo que descubre le es tan agradable, tan valioso, que lucha por mantenerlo, por replicarlo. Procura hacer el verde, invitarlo a su cotidianidad. Se rebela frente al gris, habla del verde y quizás, una y otra vez, se vuelve a dormir en su gris realidad, y lo vuelve a atrapar la poderosa rutina. Y luego sonríe y lo vuelve a intentar. Practica, le dedica tiempo, cultiva el hábito, lo hace virtud. Y un día, después de muchos, se asombra del intenso color verde limón que lo premia desde dentro. Toma consciencia de que además del gris, la existencia se puede disfrutar también. Frente a la inmensidad gris que lo rodea y la dureza de todos los grises no se rinde. Por el contrario, toma el desafío, sabe que necesita encontrar otra fisura para volver a despertar, pero tiene la intención de mantenerse atento, de mantenerse consciente, de mantenerse despierto.

Admiro a los ensoñados. Respeto su fuerza de querer irradiar verde en un mundo gris. Son seres poderosos, como tú que buscas, que continúas explorando, que anhelas una vida más plena y mejor. Que haces y construyes senderos para mejorarte, para cooperar con otros. *Para vivir*.

Si te identificas con un ensoñado, aunque te des cuenta de que ya despertaste, sigue atento para mantenerte así. No te canses de intentar, no dejes que tus ojos se nublen ni que tu corazón se cierre. Mantente lúcido y valiente. Aun si tu entorno no sabe de qué le hablas, sostente y deja que el verde se vaya haciendo parte de ti.

La ensoñación es el proceso en donde empieza el verdadero cambio, el verdadero camino espiritual, la verdadera transformación. Es donde nos damos cuenta y donde entra la consciencia. Es donde sabes que la ventana era limitada y que hay una posibilidad de vivir una ventana mayor, de experimentar senderos diferentes. Aquí nacen los grandes procesos de transformación, aquí es donde los niños exclaman "yeiii" cuando conocen las letras, ahí es donde encontramos la música, descubrimos que podemos bailar, encontramos el gusto por la pintura o por la cocina. Es este momento de una sobreexaltación armoniosa y sincrónica que luego tiende a mermar porque la vida todavía no está "preparada" para que eso se abra.

En nuestro relato de anfibios, te conviertes en un ensoñado cuando, como renacuajo, aceptas la transformación, sabes que existe un universo fuera del charco. Te atreves a saltar y lo contemplas. Te emocionas, te avergüenzas muchas veces porque ya no perteneces a la manada dormida, porque simplemente no puedes volver a la "normalidad", te peleas contigo mismo y a veces te frustras frente a lo desconocido. Pèro vuelves a saltar, y en cada salto te liberas, te encuentras, te haces más poderoso, creces y evolucionas. Llegas a sentir que te salen patas y que puedes impulsarte.

Claro que tu mundo anterior te rechaza y entonces te encuentras perdido, aunque todavía vives en el charco. Pero sabes en tu interior que ya no perteneces a él. Y aunque ves el mundo de fuera, tampoco perteneces a él. Estás perdido, seguro de ambas posibilidades, emocionado y secretamente feliz. Tu universo es más grande, aunque todavía no puedas vivir del todo en él. Y aunque duermes a menudo, no olvidas la amplitud de todo lo que hay más allá. Tu mérito está en persistir; tu regalo es que cada día te acercas más.

Cuarto nivel: despertando

El cuarto nivel es el de quien lucha por despertar, la persona que ya se dio cuenta de la consciencia y empieza a generar acciones concretas, directas, para poder crear, construir o mantener una existencia de plenitud. La diferencia clave con el nivel anterior son los actos concretos que tienen como propósito claro el despertar. Se toman decisiones, se eligen caminos, se erigen faros, se tienden puentes...

Quien está *despertando* está en la búsqueda. Le dedica tiempo, energía y se convence de las posibilidades de una vida verdaderamente plena. Comprende que puede vivir de manera fluida y buena, es perseverante en el encuentro de la consciencia y el despertar. Decide poner su energía en hacer las cosas diferentes. Decide corregir su comunicación, cambiar su cuerpo de modo saludable, elige tener pensamientos claros y fabricar costumbres de bien para sí y para quienes le rodean. Cuando hace los cambios, cuando se atreve a tomar rumbos distintos, poco a poco llega a este nivel.

Debemos reconocer que sí, quien está despertando a veces todavía se duerme; pero cada vez tiene la intención de pasar más tiempo despierto. Y cada vez el sueño se hace más incómodo, más pesado, con menos sentido.

Éste es un nivel de descubrimiento, pero también de profunda frustración, pues cuando llegas a él te das cuenta de lo que haces mal y debes asumir tus responsabilidades. Fallas y te percibes errando a menudo. Pero procuras constantemente mejorar, trabajas diariamente con tu congruencia. Es una labor titánica, pues cada día, a pesar de los resultados, que no siempre son los que deseabas, lo vuelves a intentar. Es un trabajo parecido a la difícil tarea que tiene un músico principiante cuando sabe cómo suena a la perfección la pieza que debe tocar. Reconoce el violín del maestro, la claridad de las notas, la pureza de los tonos, la fuerza de las cuerdas, la ligereza de los dedos, pero simplemente no es tan hábil. Sus dedos pisan con deficiencia y su sonido se parece a lo que busca, pero no alcanza. Lo intenta, pero es lento. Lo intenta, pero suena burdo. Lo intenta, pero las notas se enciman unas sobre otras. Se frustra, lo abandona. Después, por un momento se autoengaña para creer que lo que está tocando suena "bien". Pero la consciencia de la ejecución perfecta lo regresa a la realidad. Él sabe cómo es, cómo suena cuando, en verdad, la música se expresa desde la maestría y la pasión. Y, pese al cansancio y la frustración, retoma el violín. Y vuelve a intentar, una y otra vez, cada día, durante muchos meses, pues conoce la perfección, reconoce la excelencia.

Todos somos al principio lentos aprendices de la música del buen vivir. Falta maestría en el arte de ser nosotros mismos. Y nos cuesta pensar en la compasión, el silencio, la quietud y la iluminación. Pero creemos en ella. Nuestra consciencia ya la conoce, y damos nuestro tiempo por alcanzarla. Pese a que nos rendimos unas veces, volvemos a intentar. Ése es el sendero inequívoco de la maestría en cualquier área: intentar muchas veces hacerlo mal, hasta el día en que, poco a poco, reconoces que lo vas haciendo bien.

> En este nivel de consciencia, ya te volviste *rana*. Pero algunas mañanas todavía juegas a ser renacuajo…

Quinto nivel: despertar

El quinto nivel de consciencia es el de los *despiertos*. Aquí finalmente experimentamos el despertar, ese estado de pacífica totalidad, de unidad y plenitud. Muchísimas cosas que alguna vez fueron importantes ahora se desvanecen. Emergen nuevas realidades y, en un nivel muy profundo, todo se redefine. Lo sencillo y lo complejo, el grano de sal y el inmenso sol, se ordenan de modos indescriptibles. La *vidita* se vuelve *vida*, y tú te rompes en tus egos y fantasías, te derrites en tus reflejos y emerges siendo simplemente tú.

De lo que se trata, en este estado, es de darse cuenta de que se puede elegir. De que somos quienes decidimos. Y de que decidimos *aun cuando no decidimos*. No elegimos lo que pasa, pero siempre hacemos frente a lo que pasa. Aprendemos la responsabilidad como enseñanza del espíritu, la gratitud como práctica del alma, y contemplamos la vida y el mundo como amorosos maestros que de una u otra manera nos van a enseñar.

Cuando miras el charco no te avergüenzas ni te enfadas por haber sido renacuajo. Observas la historia, presencias el ahora, gozas porque sí. El valor regresa a lo esencial, te dedicas a actividades que parecen inútiles para los dormidos. Te vuelves un loco para quienes nadaron contigo en la manada original. Pero ahora no estás perdido. Aun estando profundamente solo, por instantes, te sabes inimaginablemente acompañado.

El nahual, sus fuerzas y sus sutilezas se vuelven principales en tu vivir. El tonal se juega, se disfruta, se aprecia y se deja ir. Las relaciones con el afuera se vuelven ligeras, y tu interior está más despejado que el más límpido cielo. Tu consciencia no hace todo bien y tus actos aún no son perfectos, pero comprendes desde la paz y asumes tus errores, perdonas los de otros y te mueves por amor. Y aun así, sabes que el camino continúa... y si lo eliges caminar, lo recorres presente y con quietud.

Desde este nivel, curiosamente, podemos elegir dormir. Pero, a diferencia de cuando estábamos en el primer nivel de consciencia, sabemos que estamos dormidos. Asumimos el sueño y hasta lo disfrutamos en su medida. Entendemos que podemos disfrazarnos, parecer dormidos, pero no lo estamos. Llegado a este nivel es muy difícil volver a dormir a profundidad. Lo bonito es que tomas con ternura a quienes duermen, no peleas con "borrachos" ni te enfurece la inconsciencia, pues con humildad sabes que tú vienes de allí. Y agradeces mucho, mucho y de muchas maneras por estar aquí. Te abres como una rosa que entrega su color y sus aromas a quienes se acercan. Y comprendes que la existencia no es tuya: es de Él, y la pones al servicio de un bien mayor. Te vuelves parte de la vida; no anhelas poseer nada, porque lo posees todo. Te olvidas de lo superfluo y recuerdas siempre lo esencial. Y te descubres sonriendo, aun bajo la adversidad. Te sientes ligero desde dentro y sólo entonces *comprendes la paz*. Cuando tu consciencia ha llegado a este lugar, puedes hablar con la unidad, influir en tu destino, cambiar el presente para cambiar el futuro. Eres hacedor y creador. Respetas la vida porque amas a la Divina Presencia (o como sea que entiendas el principio creador) porque aprendes a verla en su creación.

Asombrado, descubres que todo es fácil, que todo es un bien. Que siempre fue así, que no era mala la vida, ni tuviste mala suerte, ni había error. Sólo estabas dormido... pero ahora ya no.

¡La rana del estanque despertó!

Sexto nivel: plena consciencia

Éste es un nivel especial. Aquí sólo llega quien consigue no sólo despertar, sino *hacerse el despertar*. No hay palabras, sólo quietud. No te preocupes, no intentes alcanzar este sitio. A este lugar, nadie que lo desee podrá arribar. El océano no desea ser océano: sólo se expande tanto, que lo toca todo y se diluye, y vuelve a entregarse, y se hace gota, y absorbe la Luna y se mueve, y existe siempre, y es la existencia misma y la eternidad...

Un poco más...

Hay que forzar las paredes para salir del estado de sueño. Debemos abrirnos y golpear lo que creemos que es la "realidad", estar atentos y ser valientes para saltar.

La rana se lanzó al mar... se volvió el mar.

3
Atención

Aquello donde pones tu energía se vuelve tu realidad.

La atención se refiere a la capacidad de enfocarse, de elegir centrarte en algo determinado. De un modo más amplio, tiene que ver con cómo, dónde y en qué colocas la energía.

Para comprenderlo hay que profundizar en la palabra *energía*. Esencialmente, energía es acción, es movimiento. Las concepciones convencionales nos llevan a pensar en la energía eólica o solar, en la energía de la combustión o la vitalidad física. Pero en nuestro contexto nos referimos a una vibración más sutil: la energía del pensamiento, la de la constancia, la que emite el cuerpo al repetir centrado un mismo movimiento, la de las palabras cargadas de intencionalidad, la energía de la pasión por alcanzar tu sueño, la energía de la observación profunda sobre un tema particular. La energía dedicada al estudio de un área del conocimiento o la que invertimos para que un jardín, un músculo del cuerpo o una empresa crezcan y florezcan.

La atención está íntimamente relacionada con el enfoque, la direccionalidad de la mente, las emociones, el cuerpo y la fuerza para mantenerte en contacto con tus objetivos. Es tu decisión y tu firmeza para mantenerte focalizado en donde tú decides estarlo.

Nadie puede vivir experiencias idénticas. Aun los gemelos que han crecido, vivido y en términos generales obtenido lo mismo en los primeros años de su historia, no poseen ni la misma experiencia ni la misma consciencia. Los hijos usualmente tenemos una relación y una idea distinta de los padres y los hermanos. Incluso frente a la misma película o el mismo evento, vivimos experiencias diferentes. ¿Qué hace que pese a estar en el mismo lugar, no percibamos, experimentemos o vivamos lo mismo? La respuesta es: *la atención*.

Yo descubrí la atención, comencé a tomar consciencia de ella, cuando, caminando con mi maestro en el sur de mi país, él me regaló una pregunta: *¿En dónde estás realmente?* Yo respondí prontamente: *Pues aquí*. Y él sonrió: *Si estás aquí, dime, ¿qué estas pisando?* Yo respondí muy veloz: *El suelo*. Él replicó: *¿Estás seguro?*, y en sus ojos vi ese destello tan común en nuestros encuentros. Otra vez me había atrapado. Iba a mirar hacia abajo. Yo podía sentir el suelo bajo mis huaraches. Me dijo, antes de que pudiera redirigir la mirada (o la atención): *Si estás seguro de lo que estas pisando, ¿CÓMO es que no te has dado cuenta?* Y entonces puse la atención en mi piel: estaba caliente y me ardía. Cuando miré, me sentí totalmente furioso. Estaba sobre un hormiguero de tisis, de esas hormigas arrieras que muerden muy duro. Tenía varias subiendo por mis pies, así que impulsivamente brinqué y me las sacudí. *¡Por qué no me dijo!*, le reclamé. Él me miró de reojo y, bajita la voz, me respondió: *Uno siempre debe saber dónde está parado; no sólo aquí* (apuntó a la tierra), *sino aquí* (con su dedo tocó el corazón).

Ahora tienes el acecho constante [a veces él llamaba así al aprendizaje], *te van a arder las patas, para que te acuerdes de saber dónde andan tus pasos*.

Fue muy desagradable. Mis pies estaban realmente heridos, me dolía caminar y, aunque los metí en agua fría, se hincharon. Cada paso era incómodo. Fui bajando el ritmo hasta que comencé a andar muy despacio. Él, como siempre, lo hizo también, y nunca lo comprendí; caminaba delante de mí unos metros, pero sin voltear para ver si mi paso bajaba, y cambiaba la velocidad de su paso al tiempo que yo lo hacía. Así que terminamos andando despacito. Me hizo consciente de mis pasos, de mis pies, de la tierra, de la humedad. Pude reconocer en la sensibilidad de mi andar el mundo al que pertenezco. Fue una especie de amorosa meditación. Al llegar a su casa, la hinchazón y el ardor ya no eran importantes; lo increíble es lo que mis pies habían descubierto: esa inteligencia que habita en la piel, en la profundidad de la calma, en la belleza de sentir el mundo como es. El andar en paz, me habían sanado.

Entonces me remató con otra enseñanza: *Si te pones* [si pones tu atención] *en el ardor, la comezón o el mal, entonces lo empeoras. Si te pones* [tu atención] *en lo importante, en lo que sí vale, entonces todo regresa a la armonía*.

Ésta fue mi clase maestra de atención. Recuerdo muy a menudo la pregunta: *¿En dónde realmente estás?* Es una práctica muy poderosa de atención. Acostumbro a sentir dónde estoy parado, sobre lo que estoy parado, no sólo en el mundo de afuera, sino también, muy a menudo, en el interior.

El segundo gran aprendizaje lo resumo en una pequeña y profunda frase: "Aquello que alimentas, crece". Ésta es una de las lecciones más útiles y bellas que encontrarás. Si alimentas el cuerpo, crecerá. Si lo alimentas sanamente, crecerá sanamente. Si alimentas el amor con tus hijos, éste crecerá. Y como es amor, también se multiplicará. Si alimentas tu trabajo con intención y compromiso, éste crecerá también. Si alimentas al monstruo del miedo, lo harás tan grande como sea la energía que le das.

Es un concepto maravilloso. Si alimentas de confianza una relación, crecerá la confianza. Si la alimentas de abuso, éste crecerá. Por último, si alimentas tu vida de consciencia, de atención, de presencia, estos hábitos crecerán en ti, y una vida vivida así será un regalo para ti y para los que te rodean.

La atención es igual a libertad. Es el atributo más importante que cualquier ser humano puede llegar a tener, porque es lo que nos permite reconocer que "vemos": implica aprender a ver, decidir qué no queremos ver, y finalmente elegir a dónde queremos ver.

Así como la consciencia nos permite expandir la mirada y la percepción, la atención nos regala poder elegir y enfocarnos en aquello que tiene un sentido o un valor para nosotros. La consciencia me expande, me potencia. La atención, por su parte, me bendice con el aquí y el ahora. Se anticipa a los efectos, clarifica al espíritu y construye con energía nuestra realidad. Se vuelve extraordinario aquel que aprende a colocar su atención. Nos hacemos poderosos cuando somos nosotros quienes apuntamos hacia nuestro objetivo.

Desafortunadamente, para la mayoría de las personas su atención no es suya. Son como un velero sin timón, que va a merced de los vientos y las corrientes. Avanza y retrocede por lo que ocurre afuera, en lugar de elegir el curso y conducir la nave hacia un puerto de llegada. Sin atención vagamos a la deriva, no sabemos dónde está nuestra energía, ni lo que crecerá o anhelamos. Por otro lado, con una buena atención nos empoderamos y centramos nuestros esfuerzos en el objeto o sujeto que elegimos: lo que estamos atendiendo.

Créeme cuando te digo que podemos ser invencibles si desde la consciencia y el amor conservamos una atención total. Pero ¿cómo hacerlo?

Estados de atención

Existen diferentes tipos de atención. Algunos corresponden o coinciden parcialmente con los estados de consciencia, pero no son iguales a ellos. Recordemos que la consciencia es el arte de *darse cuenta*. La atención, por su parte, es el elegir *en dónde* ponemos nuestra energía dentro de ese espacio que es la consciencia. Te pongo un ejemplo. Si escucho una pieza musical y tengo una consciencia limitada, quizá no pueda escuchar el chelo que suena debajo de todo. Aunque quisiera, no puedo poner mi atención en un sonido que no existe para mí. Por eso es importante contar a la vez con una gran consciencia y una buena atención.

En sentido opuesto, si soy un experto en escuchar a las aves (esto es: si tengo mucha consciencia de ellas), y el canto bellísimo de un ave está cerca de mí, pero elijo poner mi atención en el ruido interno que tengo porque las cosas no salieron como deseaba, no podré escuchar al pájaro. Esto ocurre demasiado a menudo: en vez de disfrutar de las pláticas de tu familia en la mesa donde se reúnen a cenar, tienes la cabeza y la atención secuestradas en lo que te agobia o te preocupa. Aunque aparentemente "estás con ellos", tu atención te lleva a estar en donde tu pensamiento se encuentra. Procura hacerte responsable de la cantidad de veces que, estando con los que más amas, tu atención se halla fuera y tú eres incapaz de hacer nada mientras no te des cuenta. Pon atención a lo importante, de lo contrario, desaparecerá para ti. A veces perdemos lo más importante por una minúscula distracción en la que colocamos toda la atención.

Podemos utilizar una clasificación para comprender más acerca de la atención y sus diferentes niveles, que explicaré en las siguientes páginas.

Primer nivel: fuera de atención

Este nivel corresponde a esa gente perdida de la que estábamos hablando, a los que no saben en dónde realmente están. Y si no saben que están, luego entonces *no están*. Son aquellas personas que tienen el elefante blanco en mitad de la sala de su casa y miran hacia cualquier otro lado. ¡No ven el elefante por más que éste los asfixie! En este nivel se ven los efectos de las cosas. Se sufre, se es arrastrado y no se atiende ni entiende nada, sólo se es víctima. Aquí pasa el tiempo, se escurre la vida, se pierden los aprendizajes. El tiempo corre y no se sabe a dónde se van las horas, no se es capaz de saber lo que está pasando, ni qué se está generando. La gente sólo se entera de unas cuantas cosas, actúa irresponsablemente porque "no se da cuenta" y habita un mundo del que sólo percibe pequeños chispazos. Para esas personas, las consecuencias simplemente llegan y, a veces, ni se pueden ver.

Algunos que no estuvieron atentos simplemente no se dieron cuenta de a qué hora su historia cambió; sólo perciben cuando ya todo se ha transformado. Un par de ejemplos divertidos ocurren cuando alguien repentinamente recibe una notificación de embargo por deudas acumuladas. La persona se sorprende, se molesta, se siente injustamente tratada por la vida, se pregunta: *¿Cómo pasó?* Esto es un símbolo inequívoco de estar fuera de atención. La enorme deuda no brotó de la nada. Tú fuiste consumiendo tus gastos, acumulaste deudas por meses o por años. La expresión *No me di cuenta* es otra señal de estar fuera de atención que no te excluye de la responsabilidad de lo que te suceda. No estar centrado y dejar que las cosas simplemente "ocurran" es una falta completa de atención.

Alguien puede decirle a su pareja o a otro ser querido: *Pero ¿cuándo me dejaste de querer? En todo ese tiempo que dejaste de mirarme, de centrarte en mí, de estar atentos, estabas trabajando y no lo viste. Te escribí, te llamé, te lloré, me despedí, te pedí amor y tú estabas centrado en el teléfono que no sonó*. Así la televisión nos arrebata la charla familiar, un problema laboral nos roba las vacaciones, y una pequeña palabra mal dicha nos arranca la alegría. La charla, las vacaciones y la alegría estaban allí; fuiste tú quien, en consciencia o carente de ella, elegiste poner tu atención en lo uno o en lo otro. O, lo que es mucho peor, tu atención no estuvo en ningún sitio: sólo divagó, se hundió y emergió sin razón alguna y, como un pedazo de madera a la deriva, terminaste en cualquier sitio. Para alguien así de perdido cualquier lugar da igual.

Tengamos en cuenta que la vida transcurre de la misma manera para quien está fuera de atención que para quien se mantiene enfocado. Pero la experiencia, el aprendizaje, el sendero, definitivamente nunca serán los mismos. ¿Cuántos atardeceres hermosos has presenciado? Si los gozaste, entonces estaba tu atención ahí, mirando el horizonte, contemplando los colores y disfrutando el presente que te dio esa puesta de sol. Pero ahora pregúntate: ¿cuántos hermosos atardeceres no has presenciado? Quizás estabas allí justo a la hora correcta, pero elegiste ver tu celular o entrar a una habitación más fresca. O probablemente tu atención estaba en algún pendiente y no atendiste al atardecer, sino a la preocupación. Con pesar oigo a algunas personas quejándose de que no disfrutaron el tiempo con sus hijos, de que no gozaron su juventud. Pero ese tiempo, esos hijos, esa juventud estuvieron ahí. Lo que no estuvo fue su atención. Los niños crecieron mientras su atención estaba en la oficina, en el gimnasio o en la preocupación por llegar a fin de mes. La juventud transcurrió, pero quizá la atención estaba en las fiestas, en crecer rápido, en los excesos o en una pareja, y la vida pasó...

La tragedia de quien está fuera de atención es que, de pronto, la vida es la que pasó: ocurrieron las tardes, pasaron las primaveras, se agotaron los amores y todo se acabó. No se dio cuenta a tiempo. Porque no estaba atento, porque mientras la vida estaba allí ocurriendo, su atención estaba colocada en ningún sitio. Así que simplemente se pasó, pero *no la vivió*.

No nos lamentemos por haber perdido el pasado. Responsabilicémonos de esto y comprometámonos con el presente, atendamos lo importante para que al llegar el futuro podamos decir: *He vivido atento a lo esencial*.

Segundo nivel: semiatención

La semiatención es lo que ocurre cuando vemos a medias. Cuando apenas tenemos foco en algo.

Ver en sentido chamánico no es simplemente ver con los ojos, sino además centrándonos, atendiendo con profundidad y haciéndonos conscientes del objeto o sujeto al que elegimos focalizar. Esto tiene relación con la consciencia y con la distinción entre el nahual y el tonal. Porque si nos damos cuenta del poder de la atención, entonces nos permitimos redescubrir nuestra fuerza para saber elegir aquello que decidimos atender. Y así se abre una brecha nueva en mi vida. Porque *yo decido qué atender*. Yo elijo adónde quiero centrarme, qué quiero y en qué no quiero enfocarme.

Por ejemplo, con la práctica puedo mantener mi atención en el cariño que siento por el otro. Y aunque él esté enojado, me diga cosas feas o pretenda enredarme en el conflicto, yo decido mantener mi atención en el cariño. Cuando una mascota a la que quiero y conozco me muerde, yo me enfoco en la historia, el vínculo y el inmenso cariño por ella. Entonces decido tomar el acto como un incidente que perdono rápidamente. Si, por otro lado, me enfoco en la mordida o el dolor, si estoy molesto con mi mascota por alguna razón anterior, entonces mi reacción podrá ser muy distinta. Existe solamente un hecho: mi mascota me mordió. Pero dónde coloque mi atención me llevará a una respuesta diametralmente distinta. La realidad interior está muy determinada por aquello en lo que elijo poner mi atención.

En el estado de semiatención vas y vienes. Procuras mantenerte firme en algún objetivo, pero de repente se te va y te sales del foco. Llega a pasar que vas a un espacio a buscar algo concreto (muy específico), y cuando llegas al espacio (en donde debía estar) no sabes qué estás haciendo allí, ya no reconoces qué pasó. A estas distracciones las llamamos *estados fuera de atención*. Si cuando llegas no te acuerdas qué andabas buscando, pero sabes que andas buscando algo, estás en semiatención: quizá si te serenas y persistes hasta te acuerdes de lo que estás buscando.

En los ejemplos anteriores, la atención no se percibe como algo tan importante. Ahora te invito a que hagas otro ejercicio de imaginación para entender este estadio de atención.

Imagina, primero, que buscas tus llaves o tus gafas para leer: es algo cotidiano. Ahora imagina que aplicas la misma atención para buscar algo mucho más importante: un compañero de vida, una auténtica pareja para caminar tu historia bien y en unidad. Ahora piensa que, como pasa con tus llaves o tus gafas, cuando sales a su búsqueda lo olvidas, te distraes, te pones a jugar y te entretienes con un montón de cosas sin sentido. Luego pasan no unos minutos, sino unos años y otros más.

Un día, por fin, te encuentras con esa persona: es el hombre o la mujer de tu camino, tu compañero. Pero tú te distraes, y cuando estás justo frente a ella, una vez más pones tu atención en cualquier cosa insignificante y ella pasa de largo. Por no estar en atención plena, has perdido una oportunidad. Y los años pasan, la vida pasa...

Un tiempo después te molestas, pues piensas que la vida nunca te dio la oportunidad de ser feliz con alguien. Pero sucede que, tal vez, la vida nos da todas las posibilidades, pero sólo quien está atento las ve y las aprovecha. Sólo quien está atento se encuentra con el tesoro que estaba buscando. Quien va por la vida fuera de atención choca con lo que busca, pero no lo ve; se le puede dar algo a raudales, pero lo desprecia; se llena del tesoro, pero jamás se entera y muere en su pobreza.

En el estado de semiatención, encuentras a la persona y no recuerdas que la estabas buscando, pero algo en ti te hace mirar y entablar un diálogo. Otro día la ves y recuerdas qué estás buscando, y un día más la vuelves a ver y lo olvidas. Esto nos ocurre a menudo. Somos intermitentes en la atención. Nos perdemos de nosotros y luego nos encontramos, olvidamos los propósitos, nos despistamos de la búsqueda y quitamos el ojo de lo verdaderamente esencial.

La semiatención es muy común: se puede aplicar a un trabajo ideal o a una actividad que te lleve a sentir una plena realización. Y de pronto te enfocas y luego lo olvidas, se pasa de largo a veces, de pronto lo intuyes y lo pruebas, pero te distraes y vuelves a empezar. Es como estar rozando aquello que anhelas, pero no lo tomas del todo, vas y vienes sin definir, sin concretar.

Tercer nivel: atención simple

La atención simple es *estar viendo la vida*. En este estado, puedo centrarme en lo que me resulta útil o importante en el momento. Es una sensación plena y deliciosa.

Me imagino a un niño que custodia su castillo en la arena. De pronto su madre lo llama y se va sólo unos momentos, pero cuando regresa el castillo ya no está. Entonces se pone triste, pero luego comienza a levantar uno nuevo. En un momento se levanta a sacudirse la arena, se distrae y, cuando regresa la mirada, el castillo volvió a desaparecer. La sensación es de injusticia, de tristeza. Como ese niño, tú eres víctima de un entorno. Ni siquiera sabes qué pasó, sólo puedes ver que lo que cuidabas ya no está allí, y te asumes como una víctima.

Cuando estás atento, recibes los estímulos externos o internos. Estás allí, mirando con cuidado tu castillo en la arena. Las olas vienen y quizás alguna lo golpea, pero observas lo que está pasando. Aprendes el camino de las olas, reconoces la debilidad de tu obra. Quizás antes de comenzar el nuevo castillito haces una zanja. Tal vez el mar viene de nuevo y arrastra tu castillo. Pero tú estás allí y puedes protegerlo con más arena. El punto es que cada vez que la nueva ola se acerca, tú estás atento, aprendiendo, pensando, reflexionando y tomando consciencia. Esto significa *actuar*.

Probablemente termines resolviendo que moverás tu castillo de lugar, o que tendrás que hacer profundas zanjas de protección o, quizá, que el agua llegará de vez en cuando y tendrás que rehacerlo varias veces. No importa. Como sea, sin centrarte en el resultado, estás mejorándote, reconociéndote, cuidando de ti, eligiendo. Y aprendiendo: eso le da un valor y un sentido al estar aquí.

La atención te regala autorresponsabilidad, te da herramientas para elegir, ser y hacer desde la nitidez de lo que ocurre. Te deja ver causas y no sólo efectos. Mantener una charla atenta a lo constructivo te permite quedarte mayormente con lo positivo del diálogo. Cuando desde la atención das un consejo y opinas sobre algún tema, puedes saber exactamente lo que estás diciendo. Además puedes elegir las palabras, los tonos, evitar los juicios. Con la práctica, utilizando la atención, podrás expresar sólo lo que profundamente quieres dejar salir, sin lastimar a los demás de forma involuntaria. Y la respuesta sumada de estos actos será un vínculo más consciente, centrado y asertivo.

En un estado de atención eres consciente del trabajo que realizas, pues lo haces enfocado. Por supuesto que el resultado de esto es un trabajo bien hecho. Atento, eres capaz de escuchar mayormente tus emociones y mantienes un precioso y muy saludable estado de *respuesta activa*. Eres asertivo, constructivo y proactivo. Tu eficiencia y tus talentos se expresan, eres certero y apreciado. Vas haciéndote poderoso en lo profundo de tu historia personal.

Cuando no tenemos una buena atención, en cambio, somos generalmente reactivos. En esas circunstancias, frente a algo que me molesta, grito o me enfado, me pongo serio o corto el contacto. Lo hago tan instantáneamente, tan dormido en la consciencia, que no me permito ver cómo se activa esto en mí. Estos condicionamientos nos convierten en seres profundamente impulsivos. La existencia se reduce a una sola frase frente al estímulo: reacción. Comes porque es hora, vas al médico sólo cuando el dolor ya es intenso, trabajas hasta caer agotado, te pones triste frente a cualquier expectativa no resuelta. Sin atención o consciencia te vuelves un simple "reaccionador" de la vida. Esto ocurre un sinfín de veces, y no puedes hacer nada hasta que no lo descubres. Sólo sé que tengo una reacción alérgica continua, pero si no soy capaz de encontrar el origen, una y otra vez padeceré el síntoma.

Por otro lado, si practico la respuesta activa, estoy en la puerta vigilando a quién permito entrar a mi casa. De este modo, si el enfado toca a la puerta, yo decido si le abro o si lo dejo fuera, y en su lugar permito que entre la sutil señora del *dejar ir*. Lo verás más claro en el siguiente ejemplo.

> Ten presente que la atención es una disciplina de la mente y del corazón, y que nos ayuda a reaccionar de manera más positiva ante los estímulos externos.

Imagina que eres el guardián de tu casa y, en un momento de descuido de tu parte, y ante el menor asomo de algo desagradable, el enfado ya está en tus habitaciones, rompiendo cosas y gritando muy fuerte. No lo viste entrar, y entonces te cuesta mucho trabajo hacerlo salir de tu hogar. Así que debes aprender a concentrar tu atención en él para irlo identificando cada vez mejor cuando se acerca a tu casa Poco a poco lo irás conociendo, y *te irás conociendo* frente a él: primero aprenderás a detenerlo justo en la entrada de la recámara, instantes antes de que empiece a gritar. Luego, en el pasillo de la casa, y entonces sus destrozos serán menores. Como producto de la práctica podrás verlo en el marco de la puerta de entrada y, aunque meta la cabeza, lo detendrás muy rápidamente. Tras algo de trabajo interior y atención centrada podrás cerrarle las puertas. El enojo intentará, incluso con fuertes patadas, que lo dejes pasar. Pero con constancia férrea, disciplina y mucha atención, lograrás verlo acercarse, como en cámara lenta. Podrás saber en qué instante está surgiendo, con qué movimiento o frase se alimenta, y antes de que siquiera esté ante la puerta lo observarás y te prepararás para tener una respuesta activa frente a él. Incluso lo enseñarás a tocar la puerta o llamar por teléfono antes de que quiera llegar. El Señor del Enojo no dejará de estar ahí, pero no hará todos los destrozos usuales de cuando se apoderaba de la casa, sino que podrás verlo venir a la distancia y elegir que no te interesa recibirlo en tu interior para que haga lo que quiera.

Cuando vamos aprendiendo, aun si estamos atentos, por supuesto que se nos pasarán algunos enfados, recelos y pensamientos destructivos. Incluso algunas emociones nocivas pueden aprender a burlar la entrada que custodiamos regularmente. A veces, si estoy en un estado de semiatención, llegarán a limitarme, y otras les haré frente y no me dañarán.

Pero si estoy atento, más y más entradas estarán siendo observadas y mi experiencia y aprendizaje aminorarán los daños y efectos. Lograré impedir regularmente el paso de aquello que yo no quiero en mi ser, mi historia, mi vida. Y lo que es más bello aún: seré capaz de extender invitaciones a aquellos individuos y procesos que aporten, enriquezcan o sean útiles en mi realidad. Y entonces podré descubrir la maravillosa experiencia de convivir mayormente con lo que sea útil y maravilloso para mí y los míos.

Quiero compartir ahora una pequeña historia personal. Como todos nosotros, yo crecí con ideas equivocadas. Eso no me asusta. Lo que me resultaría alarmante sería saber que son equivocadas y seguirlas manteniendo como ciertas para mí.

Una de esas ideas tenía que ver con la pobreza. Pensé que ser pobre era no tener, vivir limitadamente y experimentar "carencias".

Mi historia me llevó a comunidades indígenas, donde no se posee mucho, es más, se tiene casi nada. En algunos lugares el alimento, la educación, la salud, incluso lo más básico es limitado. Y claro, se experimentan un montón de carencias en los más diversos sentidos. Estando con la gente que vivía de esta manera, mirándola, aprendiendo de ella, me di cuenta de que no se sentían pobres, que básicamente tampoco existía para ellos la idea de riqueza. Habían crecido así por generaciones. Su existencia era mayormente simple y feliz. Sus gustos se satisfacían fácilmente con lo que tenían a mano. Una tarde me tomaba un refresco sentado en una piedra y platicaba con un joven de mi edad; yo tenía unos veintitrés años en ese entonces y le preguntaba sobre sus anhelos. Me contó que quería ser papá, trabajar y darle una buena vida a su familia. Y, *¿qué es una buena vida?*, le pregunté. *Quiero que les vaya bien a todos*, fue su repuesta. *¿No te preocupa la pobreza?*, pregunté (no quería decirlo así, pero se me salió). Me miró y contestó: *Nosotros no conocemos la pobreza. Pobre es aquel que quiere y no tiene. Si aprendo a no querer lo que no voy a tener, entonces estaré bien*. Completó la frase diciendo: *Allá* [refiriéndose a "la civilización de la que yo vengo"] *aprenden a ver* [estar atentos a] *lo que no hay, lo que no tienen, por eso siempre tienen harta hambre de más. Aquí, nosotros aprendemos a ver lo que sí tenemos, y no queremos nada más. Por eso estamos en paz.*

Sus palabras fueron amables. Fue claro, me enseñó otra vez el regalo de la atención. La vida que vivo es la vida que atiendo. Donde pongo mi energía, allí está mi realidad.

Herramientas de la atención

Conviene ahora detenernos en los distintos actos con que podemos comprender mejor la atención y hacer de ella un sendero cotidiano, aplicable y fácil de distinguir.

Ver. Es cuando poso por encima de algo superficialmente la vista. No es el *ver* del chamanismo, sino el simple acto de acariciar un paisaje con el cuerpo. Éste puede incluir, además de los ojos, los oídos y el resto de nuestros sentidos. Por ejemplo, cuando escuché a medias algo que susurraba por allá, pero ni siquiera me enteré bien de ello, y entonces di un golpe de vista y regresé. Recorrí un espacio sin realmente atender, sin poner mi energía en ese espacio. Sentí algo, pero en realidad no me interesó averiguar nada más. En este caso, vemos nada más para evitar chocar, sin saber lo que está realmente frente a nosotros.

Mirar. Es cuando retengo suavemente un poco de la información del espacio y hago un poco más que sólo ver. Cuando mi enfoque corre un poco más despacio, cuando puedo acompañar con un poco más de consciencia y obtener algo de información. Evidentemente cuanto más miro, más información tengo y más se expande mi consciencia.

Observar. Es cuando decido colocar mi energía en un solo punto y me detengo en ese punto para prestarle un tiempo y un espacio, poder disfrutar y saborear y tomar mayor consciencia. En este acto quiero indagar, me importa, algo de esto tiene utilidad en mi búsqueda, en mis procesos emocionales internos, para descubrirme y corregirme.

Atender. Es cuando no solamente pongo mi energía en el objeto y su observación. Además, estoy aportando mi pensamiento y mi emoción, y lo que soy en relación con ese objeto. Hay mucha más energía mía colocada en el acto cuando estoy atendiendo que cuando estoy observando.

Contemplar. Es cuando no miro al objeto en sí mismo, sino todo aquello que hay más allá de él. Cuando me dejo seducir, cuando escucho lo que el objeto me quiere contar y lo que tiene para darme más allá de lo que yo simplemente percibo.

Es una conexión total sujeto-objeto. Una experiencia más del nahual.

Presenciar. Es cuando yo me vuelvo el objeto. Él y yo somos uno mismo, sin separación, sin duda, sin espacio. En unidad, en conexión. Le dedicaremos unas páginas a este arte más adelante, pero podemos comenzar a entenderlo con una preciosa historia.

Imagina un paisaje junto a un río. El cielo está limpio, el aire es fresco, los árboles y la hierba en su máximo verdor. Contemplaba ese paisaje un hombre verdaderamente pleno, que presenciaba realmente la vida. Entonces, preso de la sed, se agachó a sorber el agua cristalina.

En eso pasó un caminante. Conocía a este hombre y había escuchado de su sabiduría. Así que lo cuestionó: "¿Cómo puedes hablar de ser uno como el río si ahora mismo, porque tienes sed, estás bebiendo sus aguas?".

Nuestro hombre, con los ojos brillantes de paz, respondió: "Soy el agua que bebo y me bebe. Soy el río que corre y las aguas que me atraviesan en este instante".

Para comprender mejor los conceptos anteriores y traerlos a un plano más simple te ofrezco el siguiente ejemplo.

> Imagina que tienes delante el mar. Lo puedes contemplar, oler, escuchar. Pero hay muchas maneras de percibirlo, de acuerdo con las herramientas de la atención.
>
> Ver el mar es girar la mirada, pasarla muy por encima y ver algo azul.

Mirar el mar, es percibir sus filos blancos y ondulantes, notar el movimiento de sus olas.

Observar el mar, además de lo anterior, es darte cuenta de que se está moviendo en un vaivén particular, y de que además hay un viento que lo mueve, y que la espuma de las olas presenta distintos tonos y manchas.

Cuando atiendes el mar, además de observarlo con toda tu energía, olerlo, probarlo, sentir su brisa, escuchar su llamado, llenarte de sus colores, mirar las diferentes formas que crea, también estás entendiendo que hay una consciencia del mar, que estás preguntándole, dialogando con él, en contacto con él. Esta atención puede ser tonal o nahual. Puedes atender cada detalle del mar que se percibe con los sentidos y la percepción ordinaria, o también puedes mirar lo sutil, lo espiritual, lo más profundo. Buscar sus fuerzas, sus espíritus, los guardianes y las palabras que susurra el inmenso océano.

Contemplar es un estado pasivo, una simple y poderosa espera. Es la quietud y la calma, la serenidad y la apertura desde dentro. Es un estado receptivo y calmado desde donde se puede tomar consciencia, poner atención y aprender de todo lo que nos rodea, lo que ocurre, lo que enmarca, fortalece, intensifica, embellece y magnifica al preciado mar.

La presencia, finalmente, es cuando te sumerges en el mar, te adentras en él y ya no hay separación entre él y tú. Estás experimentando al mar desde el mar. Te vuelves el mar.

Estoy seguro de que ahora te queda más clara la sutil y poderosa frontera que separa un estado del otro. ¿Te das cuenta? ¿Eres consciente de lo que esto significa en tu vida? Cuando alcances una comprensión profunda y ejercites cada una de estas prácticas podrás vivir el mundo utilizando a voluntad estas herramientas. Primero consciencia, luego práctica, revisión y práctica, observación y más práctica, constancia y aún más práctica. Cada forma de ver o mirar, de observar o contemplar, tiene una utilidad y una finalidad en sí misma. Busquemos la suficiente consciencia y atención para poder elegir cómo trabajar con ellas a nuestro favor.

Si observo del otro solamente la conducta que me molesta, si profundizo en el rencor o en el resentimiento, si dedico atención a lo negativo y molesto, lo haré crecer. De esta manera me voy convirtiendo poco a poco en una persona negativa, a la que la pasan cosas negativas, con relaciones negativas y un entorno cargado de negatividad. Soy *yo* el responsable de irme adentrando en un medio de queja, malestar y enfado del que después no sabré cómo salir, o en el que me acostumbro a vivir hasta tal punto que me parece la única forma de estar.

Por otro lado, si sólo miro las bendiciones, si superficialmente "veo" los grandes regalos que me da la vida pero no los presencio de verdad, no los atesoro en la observación, estaré perdiéndome de una gran parte de ellos. Es como dar por sentado que están ahí y, al hacerlo, dejar de apreciar su aporte a mi vida, dejar de sentir lo afortunado que soy por tener diariamente salud o una familia solidaria. Y de esta manera paso por alto lo mejor de mi vida porque se vuelve mera costumbre.

Para esto sirve la consciencia: algunos, frente a la dicha inmensa de un cielo despejado, sólo "ven" parcialmente el bello cielo, pero presencian la insignificante nube oscura que mancha la bóveda sobre nosotros. Le dedican tanta atención al nubarrón, que terminan con miedo por la inexistente tormenta que perciben, a la vez que dejan de agradecer y disfrutar la poderosa claridad que nos inunda. Se pierden así de la belleza de la luz por el miedo a la lluvia que quizá caiga después.

Es posible que pueda yo "ver" un destello de la dicha y felicidad que no reconozco. También puedo mirar a la felicidad, apreciarla y valorar cada momento que se manifiesta. Puedo observar la felicidad y aprender sobre ella. Puedo atender a la felicidad al darme cuenta de que tiene una serie de procesos y formas, de lenguajes y símbolos replicables. Quizá pueda incluso poner mi energía en la felicidad, redescubrir que esta forma de vida es alcanzable también. Contemplar la felicidad y aprender a escucharla, dejar que me enseñe, que se revele frente a mí y que muestre mi potencial de ser. Aprender a estar tranquilo cuando se mueva, cuando se transforme y cambie de rostro. Cuanto más profundamente estoy conectado con la felicidad en muchos niveles interiores, menos temo a perderla o que se modifique la forma en que la reconozco.

Finalmente puedo *presenciar* la felicidad, conociéndome y conociéndola. Sumergido en ella, puedo tomarme como soy y estar decidido a *ser-hacer* feliz y no a que la felicidad habite separada de mí. Entender que no se irá, porque no llegó, no se fue, no vino. La felicidad *es*. Y siendo está. Y siendo yo mismo, soy. Y ella es en mi ser. Nada que sea tuyo puede irse en verdad. Nada que tengas que retener es tuyo.

Sólo entonces, cuando me hago consciente de esto, erradico las aparentes separaciones entre lo que anhelo que llegue y lo que soy. Y descubro maravillado que soy la totalidad de aquello que quiero vivir. La presencia es *ser eso que anhelas*. Ser feliz, y hacerte feliz, y vivir inmerso en la felicidad y saber que todo esto ocurre siempre dentro de ti.

Si ves a un hombre cometiendo un mal acto y decides observarlo, quizá descubrirás una historia, una causa. Eso no significa justificarlo, sólo reconocerlo de una manera más completa. Si consigues hacerlo, tal vez logres actuar desde una atención diferente y superior, tal vez puedas sentir compasión en lugar de juicio y seas capaz de tenderle una mano en vez de sentenciarlo con tu dedo acusador.

Contempla la enfermedad sin querer sólo erradicarla; elige observar qué hace en ti y atender a su mensaje. Si lo haces, quizás en vez de poner tu atención y energía para enfrentarla como enemiga puedas dialogar con ella y descubrir que es una mensajera o una maestra.

Si centras tu energía en las heridas de tu infancia, si miras solamente el recuerdo de los malos momentos, si observas toda la gente que intencional o circunstancialmente te ha dañado, entonces estarás condenado a padecer tus propias llagas, a alimentar desbocadamente tus resentimientos y, al creerte víctima, dañarás a todos los que te rodean. Lo mismo si presencias el sufrimiento de cada día y si sólo ves lo bueno y valioso que te ha pasado como algo secundario, que no significa nada. Claro, lo justificarás diciendo: *Así soy, porque así me hizo la vida*. Pero en realidad lo que estará ocurriendo será que eres así porque has elegido atender las peores partes de tu vida. Porque elegiste día tras día observar el sufrimiento, las heridas y el peso de tu historia. Porque de hecho no quieres cambiar tu atención hacia lo lindo y bueno, lo hermoso que tu vida también ha tenido.

Por otro lado, *puedes elegir actuar de modo distinto*:

Presencia la vida, sumérgete en las experiencias, contempla de forma serena tus vivencias, observa tus aprendizajes y, si te sirve, ve de reojo tus malas rachas. Asume tus dolores, conoce tus heridas, respeta las situaciones difíciles. Más: pon tu atención en la gratitud por lo bueno que sí pasó, en reconocer las bendiciones que has gozado, en resaltar los buenos momentos y saber que estás aquí. Así podrás decidir cómo quieres vivir: con, sin o a pesar de lo que te ha pasado. Estoy seguro de que, si lo haces, vivirás más en paz.

Yo entendí hace años que, si me quedaba limpiando por siempre mis cicatrices, no tendría tiempo de resaltar mis talentos. Que si me lamentaba por la parte dura de mi juventud, no estaría aquí disfrutando de este presente hermoso que voy construyendo. Mientras te cuento esto, estoy sentado en un jardín contemplando una fuente de agua y unos lindos árboles que casi me tocan con sus largas ramas. No soy ni más ni menos afortunado que otro cualquiera. Cada uno de nosotros tiene sus propios desafíos, sus sombras y enemigos. No hay mejores o peores vidas, porque algunos padecen por algunas cosas visibles y otros por elementos más sutiles e imperceptibles, pero todos tenemos nuestros aprendizajes. Pero descubrí algo: lo que nos diferencia no es lo que vivimos, es la capacidad que tenemos para aprender, la fuerza que tenemos para seguir, la convicción de nuestros ideales, la atención que ponemos en lo que nos nutre y la voluntad de hacer lo mejor con lo que tenemos...

Te propongo algo para que pongas en perspectiva, con atención, lo bueno y lo malo que te ha pasado. Observa el valor que tienes justo ahora. Sopesa cuánto vale lo sencillo, lo que surge desde tu corazón, los talentos que tienes, lo capaz que has sido para realizar alguna conducta y todo aquello que haces bien y con amor.

Luego contempla todo el bien que haces al mundo en el que vives, a quiénes apoyas, cómo tu trabajo coopera y sirve a tus entornos. Mira a cuánta gente has ayudado de muchas formas y cuántos miles de actos lindos has generado.

Finalmente, acéptate. Con tu historia, tus limitaciones y tus grandezas. Observa con ternura cómo has llegado aquí haciendo lo mejor que has podido en cada etapa de tu vida. Abre tus ojos, tu corazón, tus brazos y expresa tu luminosa verdad.

A medida que vamos evolucionando entre el ver, el mirar, el observar, el atender, el contemplar y el presenciar, vamos creando un vínculo, un puente, que nos va acercando a ese objeto-sujeto que antes veíamos separado de nosotros. La colocación de la atención nos va dando más información sobre la parte de la realidad en la que nos enfocamos y nos permite hacer crecer aquello en lo que nos centramos. Más atención en el bien implica más bien en tu vida; más atención en el trabajo o la abundancia implica más trabajo o abundancia en tu vida. Mira cómo algunas veces pensamos que ponemos la atención en la abundancia, y realmente estamos atendiendo al trabajo duro. La consecuencia es que lo que crece es el trabajo duro y no la abundancia.

En ocasiones tengo el diagnóstico de una enfermedad y quiero sanar, pero pongo todo mi centro en la enfermedad, en la preocupación, en el miedo a morir. Esto abona por supuesto a que crezcan la enfermedad, el miedo y la preocupación. Aunque tú quieras sanar, centraste tu energía en lo que no quieres. Así que, en lugar de poner tu atención en el tumor o en la gastritis, pon tu centro en sanar, en la armonía, en la perfección de tu cuerpo.

Llegará el día en que descubras que tú eres creador de tu realidad. Y tu atención es la brújula que te lleva a manifestarla. Cuando logres presenciar en verdad, podrás experimentar la vida que siempre has soñado. Por esto te aconsejo: deja de centrarte en lo que no quieres, en lo que temes, y aprende a atender lo que *sí* quieres que pase. Focaliza tu valiosa energía en lo que *verdaderamente deseas*.

Gracias a estas herramientas y estados de comprensión podemos ir de la no atención a las atenciones superiores, que examinaremos en la siguiente sección.

Una bendición otomí dice: "Que tus ojos se abran a lo bello y tu corazón a lo bueno. Encuéntrate con los regalos que te rodean. Y camina por el camino de las bendiciones que el gran corazón sembró para ti".

Atenciones superiores

Las atenciones superiores son aquellas que alcanzamos luego de poner nuestra energía (atención) y darnos cuenta (consciencia) de forma simultánea y con un propósito positivo que coopere con ser y estar mejor. En otras palabras, es el resultado del enfoque con la consciencia en un grado superior.

En este nivel no basta con mirar: debo elegir lo que es mejor atender para mí, dándome cuenta del efecto, las causas y todo lo que se genera a mi alrededor. Cuando tengo la atención fina y la consciencia abierta, soy yo quien elige la forma en que vivo mi historia. Un ser despierto que tiene una poderosa atención es un gigante que nos regala todos los milagros del mundo. Así como un hombre de negocios ve en todo una potencial inversión, de modo que adondequiera que vaya su atención lo lleva a las posibilidades de crear abundancia, también un maestro espiritual ve en todo aprendizaje y espíritu, pues su consciencia y su atención vibran en resonancia con esta energía. Ésta es la razón por lo que es tan importante la alianza entre atención y consciencia: porque al integrarlas a nuestra vida terminan por sintonizarnos con las mejores y más saludables opciones para nuestro crecimiento y expansión.

Con suficiente atención y consciencia podemos elegir enfocarnos en la belleza y no en el caos. Sabemos atender y priorizar la esencia maravillosa de las personas y no sus conductas que nos molestan o lastiman. Por ejemplo, ante un conflicto, puedes leer la situación, darte cuenta de lo que pasa, centrarte en atender la solución y, como una flecha que no se desvía, lanzarte hacia ella. De otro modo nos enganchamos, nos atoramos y nos perdemos entre líneas.

Con la práctica vamos ganando atención y consciencia, hasta que llega un punto en que el objeto y nosotros compartimos la consciencia (esto puede ocurrir tanto en el plano tonal como en el nahual) y, entonces, experimentamos eso que estaba en un principio fuera de nosotros: somos capaces de sentir la totalidad y la plenitud.

Desde este plano superior de atención, una mujer de alta energía puede llegar a afirmar: "Todos los hombres y mujeres que conozco son buenos", y está en lo correcto porque sólo atiende, centra y vive en resonancia con ellos. Los "malos", si existen, no están cerca, no los percibe y por lo tanto en su realidad personal simplemente no existen.

Imagina que en vez de elegir a tu compañero de vida por lo que es simplemente en presente (lo que *percibes*), lo miras con su historia de vida, con sus padres y su origen (lo *contemplas*) y pones tu consciencia compasivamente a observar cómo eso de algún modo vive en él. ¿Y si además *atiendes* sus cualidades, sus potencialidades, sus sombras y sus talentos, y al hacerlo echas un vistazo a aquello en que se puede convertir? Si integras todos estos elementos con consciencia y atención, tu perspectiva cambia, y la información más expandida que ahora "conoces" te acompañará a tomar una decisión más plena, más amplia.

Con esto no te estoy invitando a generar expectativas que puedan ser irreales, ni a juzgar a la gente simplemente por su historia. Sólo a *atender* en un espectro más amplio. En vez de sólo mirar la conducta presente de un chiquillo berrinchudo, mira su historia: ¿qué le está pasando? Observa también todo lo que esta actitud puede atraerle al paso del tiempo. Eso es la atención superior: entender con la consciencia expandida y corazón compasivo.

Imagina un árbol en un bosque. Habrá quien no lo pueda ver, porque mientras paseaba junto a él su atención estaba en el teléfono celular; pero el árbol seguirá ahí. Habrá quien lo pueda ver sólo de forma física y material: sus largas ramas y los frutos que da. Otra persona más puede entender que hay algo debajo de la corteza y los frutos, es decir: su semilla. Y luego, después de ver la semilla del árbol, alguien más podrá ver su espíritu, su posibilidad de trascendencia, todo lo que el árbol puede llegar a ser.

Ahora piensa en cada parte del árbol como si fuera un elemento aislado. Así lo hacen algunas personas: hay quienes pueden ver la madera, las hojas del árbol y los frutos, y percibir una separación entre ellos. Ven cada cosa como un fragmento y suponen que las frutas no están vinculadas con nada, y que la madera con que se hizo la mesa sobre la que trabajan no tiene historia, y determinan, por ende, que ese pedazo es toda la realidad. Que la fruta es sólo fruto y no es también árbol. Que el árbol es sólo árbol y no también tierra. Que la tierra es sólo tierra, y no el agua y el sol que la nutren también.

Muy pocos entienden que la madera es parte de un árbol y los frutos son parte del árbol también y, aunque las separen, forman parte de una misma unidad. Todo está ahí, y si nuestra consciencia logra entenderlo, la separación del mundo del tonal desaparece por siempre. Y entonces, poco a poco, vamos volviendo a lo esencial, regresamos a la unicidad... y comprendemos la totalidad y el alma.

Veamos ahora con más detalle cada nivel de atención.

Primera atención

La primera atención es cuando percibimos el aquí y el ahora, despegados de los reflejos y los juicios, en estado de aceptación ante las cosas tal como son. Desde la primera atención se ven las cosas con claridad y sin historia, sin juicios subjetivos; participamos de la creación y, sobre todo, al responsabilizarnos, podemos decidir al respecto, actuar desde la coherencia, es decir, en orden y armonía con nuestros pensamientos y emociones.

La primera atención me permite estar con mi energía colocada y centrada en esto específico que ahora estoy experimentando, sin juicios del pasado ni proyecciones del futuro. Sin expectativas, ni deseos, sin mayores apegos. Cuando estoy en primera atención me hago fuerte en mi propia presencia y puedo sentir y actuar con lo que ocurre, tanto lo aparentemente positivo como lo negativo. Al no interpretar el hecho, no le doy una carga favorable o desfavorable: lo vivo atento y lo resuelvo con firmeza, o me dejo sentir conscientemente y aprendo lo que la vida me quiere mostrar.

Cuando estoy en coherencia y en primera atención, soy consciente y responsable tanto de mi paciencia como de mi enojo. Puedo experimentar la luminosidad y también la oscuridad interna. No le temo a las sombras porque puedo verlas, porque soy responsable y consciente, porque estoy *aquí* para lidiar con ellas. Una enseñanza del chamanismo nos dice que si puedes reconocerlo, entonces puedes resolverlo.

La primera atención nos da una perspectiva nítida y despejada de la vida. Al liberar las distorsiones de mis fantasías proyectadas, puedo atender *lo que es* y actuar en relación con el presente. Ser presente es tener la capacidad de estar aquí y ahora, en contacto con mi corazón y con el corazón del cielo y la tierra, para asentir a las cosas como son.

¿Cómo respiras?, ¿cómo piensas?, ¿cómo pulsas o vibras?, ¿qué pensamientos te rodean?, ¿con cuáles interactúas?, ¿a qué le dedicas tu consciencia en este instante?, ¿por quiénes late tu corazón?, ¿con qué fuerza te recorre la sangre el cuerpo?, ¿qué observas desde tus ojos?, ¿qué voces suenan en tu interior?, ¿escuchas la llamada del viento?, ¿sientes el latir de la tierra?, ¿desde dónde ilumina el Sol?, ¿cómo sabes que estás? y ¿qué eres?

Las respuestas a todas estas preguntas se encuentran en el *aquí*. Constantemente *aquí*, plenamente *aquí*. Imagina lo fascinante que sería estar atento a todo esto, sentir en tu ser la expansión de la consciencia de esta inmensidad de cuestiones que ocurren en un *aquí* profundo y bellísimo. Cuando se vive el grandioso *aquí* se descubre que la eternidad es tan sólo una dimensión muy profunda de este momento infinito.

Vivimos tan fuera de atención o distraídos, que no percibimos cuando la gente crece: sólo vemos el efecto cuando ya ocurrió. Imagina todo lo que ocurre cuando parpadeas, bostezas o, peor aún, cuando tomas el teléfono y te pierdes de la vida leyendo un chat. No somos conscientes mayormente del movimiento de la Tierra respecto del Sol; sólo sabemos que se mueve y observamos la diferencia cuando ya vemos el Sol en otro lugar en el firmamento. La primera atención, en cambio, nos lleva a presenciar y estar allí cuando el movimiento se está llevando a cabo. Implica, nuevamente, poder acompañar en todos sentidos al *ahora* y el *aquí*.

Imagina cómo sería contemplar la comida bocado a bocado, crear un texto palabra por palabra, cultivar un amor acto por acto... la vida sería muy distinta con la primera atención. Estoy seguro de que diríamos menos cosas de las que nos arrepentiríamos luego, que lastimaríamos mucho menos a nuestros seres queridos, que viviríamos sin tanta culpa o vergüenza. Que nuestros encuentros estarían más llenos de luz y nuestras relaciones serían más duraderas y transparentes.

Cuando estás en primera atención, te vuelves finamente responsable, eres tú quien se lastima porque no observaste a tu cuerpo, eres tú quien emitió ese sonido violento que los demás perciben como enfado. Tú decides ayudar o ignorar a quien está a tu lado. Tu mente se vuelve tu amiga, dejas entrar únicamente los pensamientos que quieres recibir. El Viejo Silencio está de tu lado, y cuidas cada palabra o acto generado por tu cuerpo. Al principio es un tanto agotador y pareces vivir como un vigilante, pero a medida que estás más *ahora*, más *aquí*, más *tú*, la tarea se hace ligera. Llegarás al punto en que ya no será un guardia quien te proteja o te aceche, sino más bien como un amoroso ser sabio que te observará y te mostrará sutilmente tu propia luz. Ahora mismo inténtalo: respira para estar aquí, pero trae no sólo tu mente sino también tu corazón y tu cuerpo, ponte aquí con tus sentidos, entrando en el puente del nahual y del tonal. Pon aquí tu cuerpo pleno y consciente que encuentras en la profundidad de la primera atención: soltura, conciencia presente y paz.

Si lo practicas con constancia y firmeza, las rancias cortinas de separación, el humo de la distorsión y el espejo del mundo de los reflejos pierden consistencia y se desvanecen. Y en su lugar emerge un espacio limpio, simple y natural. Así, poco a poco... muy despacito, la vida empieza a cambiar.

Tras un tiempo de ejercer esta práctica descubrirás que no se trata siempre de estar en primera atención. Puedes estar semiatento al ver una película, asistir a una fiesta, pasar tiempo con la familia. Incluso en algunas partes del trabajo rutinario, descansar y jugar un poco puede ser saludable. Sin embargo, debemos usar la consciencia adquirida armoniosa y sincrónicamente. Variar las atenciones en uso pleno de la consciencia. Elegir los momentos y las personas para soltar levemente la atención y navegar un poco en piloto automático. O, por el contrario, saber en cuáles instantes requerimos toda la atención frente a una decisión fundamental. Poco a poco vamos ganando la habilidad para reconocer cómo, cuándo, dónde y con quién requerimos de qué nivel de atención.

Si tienes frente a ti la posibilidad de experimentar el amor, hazlo en primera atención. Quieres que todo tu ser esté allí contigo. Si por el contrario estás caminando y vas a tomar una llamada telefónica, tendrás que bifurcar tu atención, mirarás el camino y observarás la llamada para poder cumplir con ambas. Si estás descansando el fin de semana podrás mirar una película cualquiera en semiatención y al mismo tiempo comer botana, mirar por la ventana y responder un mensaje de voz. Pero debes hacerte cargo de recuperar y enfocar tu atención para mejorarte a ti, en lo que de verdad te importa, y para fortalecer realmente los vínculos con quienes más amas.

Una propuesta para ti es que clasifiques tus prioridades y empieces a ejercitar la primera atención en los momentos que para ti sean los más importantes, no importa cuán validados sean afuera. Si para ti es esencial, vívelo con poderosa atención. Si tu ser es empático y compasivo, extiende la primera atención a los asuntos y las actividades de los que más amas, y que ellos consideren importantes para sí. Es muy claro entender que en la primera atención se fortalecen los vínculos, se diseñan los sueños que perdurarán, se realizan los acuerdos que tienen importancia en el mundo del nahual y se sellan los más lindos momentos de la historia de las personas, las familias y la humanidad.

Veamos ahora una firme y útil ramita que brota de la primera atención.

Atención focal

La atención focal es aquella en la que estamos allí, completamente enfocados. Nada ni nadie nos mueve, porque decidimos poner nuestra atención en un único punto, palabra, persona o circunstancia muy bien definida.

Es poderoso poseer una atención focal cuando la consciencia la acompaña. Es el eje de la persistencia de un atleta olímpico o de la línea rectora de un músico que mantiene su práctica y se sostiene en la idea de componer o ejecutar una obra. Detrás de las manifestaciones más grandiosas de la humanidad suele haber una muy poderosa atención focal. Quienes fundaron un país, lograron un descubrimiento o cimentaron una gran industria, tuvieron una atención focal.

Cuando un águila que está cazando determina cuál es su presa, se dirige a ella, no duda, no titubea, no se distrae. Quizá le tome algo de tiempo escogerla, puede dar unos giros en el aire, demorarse para realizar algunos ajustes. Pero cuando ha tomado la decisión, sus poderosos ojos no se desvían del objetivo y se lanza con todo su ser a su conquista. De la misma manera, la atención focal no nos garantiza el éxito, pero sí nos acerca irremediablemente a él.

Algunos de los seres humanos más grandiosos tenían solamente un objetivo focal y entregaron su tiempo y su vida a él. Tenían un propósito. Tal vez no fueran seres humanos tan "completos", pero en esa pequeña área de su ser, en esa instintiva y férrea atención focal, eran extraordinarios maestros.

Cuando escucho cómo la gente dormida suele juzgar a un deportista profesional, cuestionando cómo puede alguien ganar tanto dinero por patear un balón, o qué hay de maravilloso en acertar a una canasta de baloncesto o golpear una pequeña pelota de golf, mi pensamiento es siempre: *el tiempo*. ¿Cuánto tiempo le ha tomado?, ¿cuántas tardes de su historia dedicó a patear un balón?, ¿a cuántas fiestas no asistió para levantarse a entrenar?, ¿qué cosas dejó de hacer para seguir detrás de la perfección técnica? Se privó de muchas distracciones, pero, sobre todo, dio muchísimo de sí. Quizá centró su vida en el balón. Y el balón le responde con respeto y amor.

Cuanta más atención focal y consciencia dedicamos a algún área, vamos ganando la maestría. Hasta en las cosas sencillas, como cuando vemos a un marino haciendo un nudo, a un campesino cosechando, a un jinete montando, podemos reconocer cuando ellos han dedicado atención a su hacer. Su recompensa: el hacerlo bien.

Pero la atención focal puede ser también altamente destructiva, como cuando la centro en el resentimiento o en revivir obsesivamente un momento doloroso. Cuando el foco ha sido mal elegido (esto es: sin consciencia), destruye y enferma. Si el foco es la venganza y no descanso hasta realizarla, mucho de mi vida se consumirá y me perderé de otras experiencias por ese deseo. Si mi objetivo fuera "ser el mejor", seguramente me acercaré a conseguirlo. Pero ¿cuál será el costo? ¿Qué precio habré pagado para llegar allí?

La atención focal malsana sobre el cuerpo y su imagen genera enfermedades como la anorexia. Sobre los negocios, produce avaricia. Y, si la atención está enferma y se focaliza en el supuesto "amor", generará codependencia y frustración.

Pero el conflicto no está en la atención focal por sí misma, sino en la consciencia y en la elección del objetivo. Por eso aprendamos del águila. Ella sobrevuela serenamente en círculos, esperando a que el objetivo brote, a que se pueda elegir en paz. Luego se lanza sobre él. Pero primero siempre escoge, elige en consciencia, haciéndose responsable de su elección.

Como podrás haber notado a lo largo de estas páginas, para mí la consciencia es el barandal que nos cuida de perdernos, es el riel sobre el que nuestro camino va seguro. Debemos ser valientes para tener atención focal y muy firmes para mantenernos allí. Pero antes, debemos ser sabios para poder elegir bien a qué le daremos tiempo y energía, a qué le entregaremos un trozo de *vida*.

Podemos también aplicar nuestra atención focal a contextos más cotidianos. De vacaciones, puedes elegir que tu atención esté en descansar y mantenerte allí. Puedes decidir que tu objetivo frente a un conflicto sea resolver en amor y, sin importar lo que pase, mantenerte firme en tu propósito. Plantear que, con tu familia, tu foco será que sepan que los amas y que estás allí, o que tu atención se centre en cooperar con los demás. Ser capaz de *intencionar* la atención y no perderte de alcanzarla te hará fuerte en tu interior y respetable en tus relaciones. Procura recordar con humildad esta enseñanza: "Detrás de cada acto de maestría, hay tiempo y atención".

Alguna vez tuve un encuentro con una mujer que enfrentaba un diagnóstico médico devastador. Según la realidad percibida por los doctores que la atendían, estaba perdida, sin remedio. Sólo podría empeorar hasta morir.

La conocí en silla de ruedas, bastante deteriorada. Cuando la recibí, me centré en ella con plenitud (primera atención) y la observé completa, no sólo sus palabras, que hablaban más de desaliento y dolor que de otras cosas. Intuía desde el nahual que había algo en ella que brillaba especialmente. Era una mujer poderosísima. Su atención focal era absolutamente fascinante. A partir de este hallazgo, supe cómo acompañarla. El trabajo fue de muchos meses, de mucho y muy profundo proceso interior. Si lográbamos hacer virar su atención focal de la muerte y la enfermedad hacia la esperanza y la vida, todo podría cambiar. Ella lo logró, focalizó su historia en *vida*. Cada vez, su atención se conectó más con esta poderosa realidad, poco a poco se fueron desvaneciendo reflejos y sombras limitantes y dieron paso más claramente al milagro de la vida. Logró ponerse de pie y caminar. Pero no la sostienen sólo sus piernas físicas. Camina apoyada en una enorme fuerza interna, en una consciencia inquebrantable de salud y atenta siempre a su poder interior.

Espero que ella lea estas palabras. Para mí su presencia y su proceso son un regalo, y su actitud, un símbolo del poder y la determinación personal.

Para nosotros, los chamanes, lo que conocemos como nuestra "realidad" cotidiana se constituye básicamente por reflejos, por imágenes de proyección y espejismos imaginarios. La mayoría de los seres humanos sólo conocerán esta posibilidad: habitarán aquí en esta realidad habitual, aunque sea apenas un pequeño cajón en el que estamos atrapados. Sin embargo, fuera de los bordes limitantes del cajón, el universo es inmensamente amplio. Se rige por leyes y principios distintos y, lo que adentro de la caja aparece de un modo, en la expansión de fuera es diferente. Es muy complejo expresar estos conceptos. Todo lo que reconocemos ordinariamente pertenece a la caja (realidad del espejo) y, siendo ésta nuestro referente, cuesta mucho definir lo que está más allá.

Por esta razón, los chamanes somos expertos en el arte de ver a través del espejo o incluso cruzar el salón de espejos hacia nuevas y poderosas realidades. Esta experiencia es del todo desconcertante, pues muchísimo de lo conocido o reconocido pierde sustento cuando vamos más allá. Es un poderoso viaje el de lanzarte a la aventura, explorar los planos fuera de la cajita del tonal. No solamente los chamanes nos hemos asomado más allá de la realidad, ni sólo nosotros hemos cruzado. En todas las tradiciones espirituales, sus místicos, sus santos, sus buscadores más comprometidos han despertado las cualidades necesarias para trascender el espejo y comprender lo que está más allá. Podríamos decir que los grandes avatares de todas las tierras han traído desde ese lugar más puro el conocimiento y las artes que van llevando a la humanidad hacia el completo despertar. Quiero señalar aquí que se puede salir de este cajón limitante a través del pensamiento, de la práctica de la atención, de producir una elevada vibración, del conocimiento más puro, y que existen un montón de rutas para poder conseguirlo. No quiero que el lector suponga equivocadamente que salir del espejo corpóreamente es la única posibilidad. Buda salió de la caja y encontró la fuente de luz mientras su cuerpo estaba sentado a la sombra de un árbol. Moisés cruzó el umbral en lo alto de una montaña. Jesús cruzó el reino de la muerte. Rama emprendió un viaje épico. Quetzalcóatl desafió el Mictlán y volvió victorioso... De distintas maneras todos ellos fueron a ese *espacio de verdad* y trajeron un poco de ella a esta tierra. Nosotros quizá todavía, aunque han pasado siglos, seguimos aprendiendo cómo volver adonde estos maestros ya fueron.

En nuestra sagrada tradición, los chamanes hemos desarrollado procesos que nos permiten mirar no sólo la realidad de fuera, sino profundizarla, explorarla y cruzarla para encontrarnos con magníficos espacios amplificados de consciencia, a los que llegamos por muchos senderos, pero todos sostenidos en la coherencia despierta, en la intención de armonía, desde el amor y con el propósito de crear un bien mayor. Ya sea que dancemos, que hagamos música sagrada y cantemos con el corazón, que emprendamos viajes místicos, que busquemos dentro de la tierra, que vayamos al encuentro de nuestro interior o que elevemos nuestra mente hasta cielos superiores: sin estos pilares, sin el amor, la coherencia y la búsqueda del bien superior, no creo que emerja la verdadera esencia que el buscador lleva consigo para despertar el bien. Un buscador sin esencia no encuentra la esencia. Bailar sin gusto, cantar sin alma, cocinar sin cariño, sembrar una flor sin anhelo, escribir sin pasión, procrear sin amor... todo sería en vano. Aunque bailaras con perfección, aunque estuvieras afinado, aunque tus platillos fueran técnicamente impecables, aunque tu flor se abriera, todo sería en vano.

No se trata, pues, simplemente de hacer las cosas. Para llegar a la más profunda autenticidad, debe haber una intención, un propósito, una poderosa razón que desde dentro te guíe. Sólo entonces, la búsqueda te guiará al *encuentro*.

Los chamanes hemos buscado por generaciones las grietas del cajón. Lugares por donde queremos mirar más allá. Encontramos ventanas físicas desde donde se mira el mundo sutil. Incluso contribuimos a crear puertas del espíritu para acceder corpóreamente a esos planos superiores de grandeza y realidad. Al paso de nuestras búsquedas hemos aprendido mucho. Hemos cuidado ese aprendizaje, transmitimos los hallazgos y cooperamos para que la sabiduría del Camino Rojo perdure. Así se ha conservado hasta nuestros días, incluso haciéndose paso entre guerras, hambres, conflictos y pandemias. Hemos cruzado con él la consciencia interior, el Renacimiento, la Revolución industrial, el desarrollo tecnológico y la era del internet. Sobrevivimos a una sociedad cambiante, a nuevos mundos que llegaron, a viejos tiempos que se fueron. En la larga travesía del cariño por el conocimiento, el respeto por lo divino, el trabajo con las fuerzas, el soporte del clan y la certeza en el valor de nuestra enseñanza nos guiaron siempre para seguir.

Por eso hoy, en los albores de un tiempo de despertar, nos corresponde abrir la enseñanza y poner al servicio de la gente de este tiempo nuevo las herramientas y los valores que sustentan nuestra particular manera de vivir y trascender la realidad ordinaria.

En este recorrido del que hablo, cada tradición chamánica (pueblo indígena, clan familiar, comunidad de trabajo o linaje de maestros) ha aportado sus propias comprensiones que, tras pasar una especie de revisión con el supremo consejo, se aceptan y se validan como parte del Camino Rojo. Por eso hemos aprendido tanto de lo que está más allá del cajón de realidad. Cientos de personas han explorado esa otra realidad al paso de milenios. Todo este gran esfuerzo es acumulativo, pues los nuevos empezamos el sendero de la búsqueda desde el lugar donde se quedaron los ancestros. Así que desde hace siglos podemos afirmar que el mundo tangible y comprobable por los sentidos es una parte mínima de la gran realidad. Ahora, en la segunda década del siglo XXI, la ciencia comienza a acompañar esta idea de la realidad como algo más energético y vibratorio que tantos pueblos del pasado defendieron. Hoy se dice (de manera muy simplificada) que la física ha descubierto que en el núcleo del átomo hay 99 por ciento de vacío y sólo 1 por ciento de materia. Pues eso mismo lo enseñaron los abuelos de muchas tradiciones desde hace milenios. Me parece bello que la humanidad de nuestro tiempo vuelva a unificar la ciencia y el espíritu. Debemos recordar que estos dos caminos coexistieron en perfecta armonía por milenios, y que no fue sino por la necedad del ego que se separaron y se confrontaron. La buena noticia es que científicos más abiertos empiezan a reconocer poco a poco que las escuelas de conocimiento del pasado siempre han tenido razón.

Existen diferentes maneras de percibir la realidad, diversos peldaños para contemplar "lo mismo" y, evidentemente, desde cada nivel, eso que se observa se transforma por la consciencia del observador. Una persona que mira un rito desde la visión sociológica o antropológica comprenderá los actos con cierta distancia analítica. Si lo va a ver un turista tomará fotos para Facebook; si el mismo acto lo contempla un artista percibirá su belleza, y si lo ve un escéptico total descubrirá tanta incoherencia como él mismo lleva dentro. Mas si el acto no es solamente visto, sino que un creyente participa en él, entonces la realidad de la que forma parte toma una dimensión diferente.

Por eso es esencial aprender sobre la atención.

Los chamanes sabemos que existen seis atenciones más, seis estados perceptuales que atienden distintas partes de la existencia. Cada una observa vibraciones, energías, sutilezas, esencias y expresiones de lo superior. Son profundamente interesantes y reveladoras. Aprender a despertarlas, dirigirlas, *intencionarlas* y usarlas de la mejor manera es una extensa y compleja práctica, no sólo espiritual, sino también física, mental y emocional, que toma tiempo y progresos en la conquista o recuerdo de tu ser. Claramente, no es el propósito de este libro, dirigido a lectores principiantes que buscan aplicar sus principios a la vida cotidiana, compartirlas todas. De hecho, las menciono sólo con la intención de que se extienda la idea y se geste en ti la potencialidad del universo más allá de la vieja y limitada idea de la caja del tonal.

Si algo se mueve en ti, es porque estás deseoso del encuentro. Sé paciente, deja que la sabiduría llegue y mantente atento. Cuando toque las puertas de tu corazón y te dé paz y confianza, recíbela; te aseguro que si es bueno para ti llegará tu momento.

En los más de veintitrés años que llevo compartiendo el conocimiento he aprendido a reconocer a los buscadores, a aquellos que en el alma siguen la ruta de la realización personal. Son curiosos. Algunos tienen prisa. Otros creen que, con sólo ver unos videos, asistir a unas cuantas charlas o dedicar un par de días encontrarán lo que buscan. Éstos en su mayoría fantasean mucho, se cansan pronto y cambian de senda con mucha facilidad. Por el otro lado está la gente más comprometida con su transformación, personas que desarrollan la paciencia, que asumen su autorresponsabilidad, que mantienen por periodos más largos su anhelo en la luz. También son curiosos, pero comprenden que el sendero auténtico es más una caminata de resistencia que una carrera de velocidad y se preparan para eso. Persisten y buscan guiarse más por la paz y por la dicha serena, que por el impulso y los resultados aparatosos.

No hay sentido en conquistar el mundo, si no te has conquistado a ti mismo. Del mismo modo, no debes intentar dirigirte a una segunda atención si no eres capaz de realmente estar atento al *aquí*. No quieras amigos espirituales sin primero tener auténticos amigos *aquí*. No pretendas despertar al más allá si no eres capaz de actuar compasivamente con los que te rodean. Primero está el aquí y ahora. Luego el más allá. Y finalmente, el aquí, ahora, más allá y en totalidad. Pero debemos ir un paso a la vez.

El sendero espiritual es una extensión del sendero material, no su reemplazo. Si quieres convertirte en un gran ser espiritual, empieza siendo un buen hijo, un buen padre, un compañero benévolo para tu pareja, una persona honesta o un ser humano honorable. Existe un balance primordial. Un principio del pensamiento es que necesitamos reconocer el cuerpo para reconocer el alma. Cuidar a nuestros hijos físicos, para luego velar por ellos como seres trascendentes. Cuidar el cuerpo para mantenerlo sano y armonioso, y luego poder utilizarlo como un vehículo de la realización del espíritu.

No te obstines en llegar a ningún sitio sin antes aprender a estar bien plantado en éste. Es poderoso despertar al nahual, pero es más útil despertar al tonal. Es maravilloso poder escuchar el llamado de la Madre Tierra, pero es indispensable poder escuchar la necesidad de los que te importan. Date cuenta: estamos aquí en el tonal para aprender de él y luego atravesarlo y descubrir la fuerza y grandeza del nahual. Somos tonal y podemos honrarnos siéndolo. Somos nahual y podemos honrarnos también. Nunca en la renuncia, no en el conflicto, jamás en la separación.

Para poder hacer el camino, debes reconciliar las partes. El tonal permite al nahual expresarse. El mundo material nos regala experiencias preciosas para el ser. El nahual siembra, el tonal manifiesta. Son aliados, complementos, fuerzas hermanas con un propósito común. Ten presente que la vida ya es espiritual; honremos sus manifestaciones materiales para encontrarnos con su esencia sagrada. Date cuenta: ya somos espíritu, ya somos todo cuanto anhelamos, hemos llegado; simplemente, dejemos que se rompa lo inexistente y miremos más allá...

Dicho todo esto, finalmente es momento de hablar sobre la segunda atención.

Segunda atención

La segunda atención consiste en poner tu energía en el nahual y enfocarte en él. En las páginas siguientes sólo repasaremos brevemente esta profunda idea. Para realmente despertar a la segunda atención hace falta entrenamiento directo y una buena guía para llegar a comprender y consolidarla.

Se llama segunda atención a la capacidad de aprender el lenguaje de los símbolos de la naturaleza, a poder entender las sincronicidades de la vida. A saber leer las señales, a comprender los susurros de los ciclos y el tiempo. Es la propiedad de la atención que se enfoca en mirar lo invisible, en comprender códigos de lenguaje no ordinarios que te dejan dialogar con el espíritu que habita en la creación. Es retirar los espejos o fisurarlos para ver lo que existe más allá de la aparente solidez de nuestra realidad. Es el arte de poder percibir entre líneas, en umbrales, en las nadas y encontrar... eso que está y no está. Que existe sólo para quien puede mirar más allá.

La *buena* segunda atención te permite entrar y salir de ella a voluntad. Si sólo supieras estar en segunda atención, te perderías del aquí y ahora. No serías capaz de tener relaciones comunes ni siquiera un trabajo. He sabido de historias en las que la inmersión descontrolada en la segunda atención termina inhibiendo a las personas de llevar una vida funcional o saludable. Me atrevo a expresar que la segunda atención es un lujo para quien ha alcanzado cierto grado de confianza en la primera.

Algunas personas tienen un desarrollo natural de la segunda atención. Esto se debe principalmente a su estado evolutivo espiritual. Generalmente, tienen una intención o propósito que expresar o la misión de realizar algo que otros no podrían. El universo no desperdicia energía y, si tú tienes una cualidad perceptual ampliada, es porque existe un propósito para que sea así. Lo que llamamos "don" es un regalo y un compromiso. Se te da con el fin de servir y cooperar con un plan superior. Mas depende de tu consciencia descubrir y aplicarlo en beneficio y utilidad para ti y para toda la humanidad. En todos estos casos, la segunda atención acompaña a conseguir un objetivo que beneficie a muchos en diversos ámbitos de evolución.

En segunda atención todo lo aparente es irrelevante. Te adentras en las entrelíneas de la vida, ves más allá de los bordes conocidos de realidad y control. Creas espacios sagrados, rituales, te vuelves aprendiz de rasgar los velos y profundizar en los eventos grandes y pequeños que te rodean. Te conviertes en un lector de lo más sutil, y cuanto menos te atrapes en lo burdo, más brota lo esencial. Tu segunda atención, tu consciencia clara y un silencio interno muy bien forjado te abren abismos de experiencias maravillosas y totalmente nuevas. Estás allí: bajo el mismo techo celeste. Levantas la mirada en medio de la noche. Contemplas el cielo… No eres un aficionado a mirar las estrellas ni un astrónomo, tampoco eres astrólogo o un investigador de mapas celestes. No ves eso ni te importa. Tú escuchas a las estrellas y les cuentas tus historias desde aquí. El manto estrellado se vuelve un cómplice, un aliado, el espacio adonde vas, de donde recibes lecciones, donde lees la voz del tiempo y la consciencia del universo.

La segunda atención tiene un riesgo tremendo: algunas personas fantasiosas, fanfarronas y sin duda faltas de auténtica consciencia la confunden con sus propios cuentos mentales, sus ilusiones construidas o sus exaltadas ideas fantásticas. Debemos ser muy cuidadosos al respecto. Un dormido, fuera de atención, puede inventarse un cuento con tanta emoción, que termina creyéndolo.

Pero un cuento es un cuento, nada más que reflejos y distorsiones que otros dormidos, en su misma vibración, creerán. Esto es peligroso para ellos mismos y para las personas a quienes pueden confundir con sus distorsiones.

La segunda atención es una realidad superior percibida por muy pocos. Para llegar a ella se atraviesan las firmes paredes del salón de espejos (la caja de nuestra realidad). Cuando llegan sus destellos o enseñanzas a nuestra realidad limitada es vista con recelo, se desconfía de lo que surge del más allá. No se comprende y entonces simplemente se desacredita. Para la mayoría de la gente, lo que remueve las ideas conocidas es simplemente falso. Es más simple mantenernos convencidos de lo que "ya sabemos" que aceptar un cambio en nuestros paradigmas convencionales.

Los dormidos ni siquiera verán la sutileza de lo sagrado. Para algunos será insignificante y sólo unos pocos se acercarán a apreciarla. Luego, cuando esos primeros la vean con claridad y la sostengan frente a los demás, algunos despertarán y se sumarán.

En cambio, muchos otros entrarán en el miedo a lo desconocido y usarán todas sus herramientas para volver a la vieja y conocida realidad. Para estos últimos todo es válido con tal de regresar a lo estático y seguro de su limitada historia personal.

Aún tenemos el recuerdo del pasado, cuando los que se atrevieron a abrirse y mirar más allá han sido silenciados, quemados, olvidados, encarcelados, asesinados e ignorados por la mayoría. También sabemos que unos cuantos se emocionan con la posibilidad y se transforma a pequeños grupos que van generando y propiciando un cambio de mentalidad y actitud. A pesar de todas las resistencias, lenta y constantemente las nuevas posibilidades se van haciendo más accesibles, más aplicables a los lenguajes de su tiempo. Pueden pasar generaciones de rechazo hasta que las enseñanzas del "loco" que fue condenado van cobrando sentido. Muchos de los visionarios, de los buscadores, murieron incomprendidos, pero el tiempo y la evolución de la consciencia planetaria les concedieron la fuerza de la razón.

Esas fracturas de la realidad irán descendiendo lentamente por muchos estados mentales y flujos de atención; entonces llegará su espacio y su tiempo, y tomarán el lugar que les corresponde y aportarán su luz al planeta y a todos los seres que habitamos en él. El proceso puede tomar siglos o perderse en el tiempo, hasta que alguien nuevo la recibe y la va traduciendo en lenguajes más sencillos. De ese modo se va adaptando hasta que una mayoría o masa crítica pueda entenderlo. He observado que cuando una clarificante expresión del nahual necesita llegar, el gran Corazón del Cielo hará todo para que se manifieste como es su propósito. Cuando algo tiene que llegar, inevitablemente llegará. Puede cambiar su medio y llevar esta intención de lo sagrado a lo artístico o a lo científico. Puede cambiar el emisor y dejar que el músico diga lo que el monje no pudo, o que la audiencia menos esperada capte el mensaje mucho antes que los eruditos (o quienes creen serlo). El gran misterio actúa y lo hace fabricando y tejiendo causas, y conjuntando personas y procesos hasta la consumación de la obra.

Los Vedas hindúes son libros asombrosos, complejos y repletos de sabiduría. Sé que muchas verdades navegan entre sus líneas y que sus capítulos están llenos de la más profunda luz. Sin embargo, muy pocos los contemplan y son capaces de comprender a fondo lo que dicen.

Un maestro me inició en estos conocimientos y me mostró que lo más importante de los Vedas son las palabras no escritas. Esas que sólo se extraen cuando lo que sí aparece te toca tanto, que te deja en silencio. Y las palabras invisibles en los textos sagrados se quedan impresas en lo profundo de tu corazón.

La segunda atención es ampliamente deslumbrante. Te invito a reflexionar, a convivir con la naturaleza, a permitir a tu cuerpo moverse con los redobles de las músicas sagradas, a experimentar el sonido sanador, a practicar respiraciones potenciadoras, a acercarte a lo superior honrando todo lugar sagrado sin importar su procedencia. A leer en primera atención, en consciencia despierta, a contemplar la vida, a aprender de ti. A entrenarte en la quietud, a serenarte y a esperar. Pues la escucha consciente y la presencia activa son el camino a la segunda atención.

Tres pasos para el cambio

Es muy importante aprender a poner nuestra atención hacia lo mejor y también a aportarla para sumarnos con amor y con nuestro corazón al más alto bien planetario. A continuación te dejo tres propuestas que pueden ser de ayuda para iniciarte en la búsqueda de la visión profunda, en el largo y difícil proceso de buscar la segunda atención.

1. *Contempla con calma.* Date tiempo sereno y prolongado para observar. Colócate en una posición cómoda que te soporte y te permita quedarte así por un rato. Tu mente clara y silenciosa puede comenzar a percibir sutiles movimientos en el más allá. Aguarda, vuélvete un adorador del silencio. Encuentra en la lentitud y la tranquilidad un espacio de recepción y aprendizaje. El no hacer es un arte profundo; aprender a estar es un camino a la iluminación.

2. *Cuestiona la historia.* ¿Cuántas cosas tuvieron que pasar para que ocurriera esto?

Desde el viaje de la zanahoria que ahora está en tu plato hasta la jarra de vidrio con la que te sirves agua, todo lo que te rodea tiene una historia. Todo lo que percibimos tiene causas, y esas causas también provienen de otras causas. Al mirar esa profundidad de la historia vas abriéndote a las sinergias y causalidades que conforman la realidad. Así, en la búsqueda de lo sutil, podrás empezar a atisbar destellos de la segunda atención. Recuerda que no es la historia la que es parte de ella, sino sus entrelíneas, pausas y silencios, lo que está oculto entre la narración, lo *invisible*, como las palabras no escritas en los Vedas. Habituarte a buscar en las causas te llevará a comprender el origen. Y allá, en lo más auténtico, en lo puro y esencial, en el origen primario, te encontrarás lúcidamente con la verdad.

3. *Expande tus sentidos ordinarios*. Abre tu abanico de percepción cotidiana incluso más allá de los límites reconocidos por tu experiencia.

¿Cuántos colores puedes apreciar? ¿Cuántos nuevos tonos tiene ese paisaje? ¿Cuántas variaciones de verde hay entre las hojas de este árbol? ¿Cuántos sonidos puedes percibir? Enuméralos. ¿Hasta dónde llega tu audición? ¿Qué sonidos hay más allá de los que alcanzas a escuchar? ¿Cómo suena la tierra? ¿Qué color tiene el silencio? ¿A qué sabe el brillo de la luz?

Igual que en las propuestas anteriores, el objetivo es ampliar, salir de los bordes y, nuevamente entre líneas, ser capaces de concebir lo efímero y sutil... lo que expresa el mundo más allá.

Si quieres realmente ser un lector de segunda atención, estudia los símbolos, lee poesía, mira obras de arte, escucha una fuente, busca descubrir a un hongo que nace, contempla el cielo mientras el pájaro lo cruza, calla, espera y, cuando lo tengas, suelta y vuelve a empezar...

Baja y alta atención

Podemos rematar las reflexiones sobre este poderoso viaje con una última idea extraída del Sendero Rojo: la distinción entre la baja y la alta atención.

Conocemos como alta atención la colocación de la energía y el punto de foco interior en aquello que suma, que construye, que es positivo. Consiste en acompañar de forma afirmativa una idea, apoyar las cualidades y resaltar lo valioso de un proyecto. Poner tu foco en lo mejor, en lo que puede considerarse armonioso o bello. Es dejar que tu energía y tus palabras construyan y cooperen positivamente con aquello en lo que se centran. También es ser capaz de ver el brillo y no quedarte con la ceniza, con la sombra. Es sonreír y cooperar, dirigiendo tus pensamientos, emociones y actos hacia el más alto bien.

Por otro lado, la baja atención es colocarte en la crítica, en restarle a otros o a ti mismo. En juzgar lo que te rodea. En mirar los detalles mal puestos, sin reconocer todo lo bello alrededor. Baja atención es que tus actos se centren en dañar, en lastimar la autoestima o los sueños de otros, en limitar sus senderos por tus ideas cortas. Es mermar, ofender, enjuiciar, expandir el miedo, hacer dudar, ensuciar tu entorno con pesimismo, con negatividad, proyectando en los otros tu carencia interior.

A veces la comunicación masiva o las redes sociales nos atrapan en la baja atención. La violencia, la crítica, el chisme, el juicio doloso provocan y exaltan en los colectivos mayor cantidad e intensidad de baja atención. Quizá llegues a lugares en donde la atención es tan baja, que se vuelven insoportables para tu energía, o espacios en donde te sientes fuera de lugar. Hazte cargo de entender que no tienes por qué poner siempre la alta atención en todo. Pero sin duda puedes elegir no sumergirte en la baja que otros irradian. Mantenerte neutro es mucho más útil que atacar, juzgar o irradiar lo peor.

En los actos más cotidianos de la vida podemos irradiar hacia arriba lo que mejora, lo que nutre y edifica. Remarcar la gratitud y lo bueno o bello. O podemos limitar nuestros planes o los de otros con una actitud negativa, pesimista, egoísta, llena de juicios innecesarios que simplemente lastima, empeora o aplasta aquello a lo que se le pone atención.

Aclaro que la alta atención jamás implica mentir ni exagerar: ni adular de más, ni dar expectativas fuera de la realidad. Tampoco pretende exaltar cualidades inexistentes. La alta atención debe brotar de la verdad, de lo que auténticamente crees que puede ocurrir y que traiga bienestar al otro. Es tu visión enfocada en las mejores noticias y posibilidades. Si no confías o no percibes lo bueno, si no puedes dar aliento, entonces tu silencio y tu abstención sumarán más que tu pesimismo (que también puede ser una percepción).

Es muy importante evitar que este concepto se radicalice. Es indispensable que se mantenga siempre un criterio abierto. Si tu trabajo se trata de mirar lo negativo por alguna razón (porque te toque identificar problemas o evaluar desempeños), o si expresamente alguien te pide que le muestres en dónde o cómo podría fracasar, entonces puedes opinar tal como tu consciencia lo dicte. Pero en la medida de lo posible, aprende a contactar con lo bueno y útil, con lo que aporta y da esperanza, con lo que construye y muestra cómo resolver, acrecentar, mejorar.

Imagina que una persona cercana a ti te busca para contarte, en confianza, sobre un nuevo proyecto personal. La alta atención te pide que te enfoques en lo que puede salir bien, en las cualidades de las personas, en cómo sí puede ocurrir lo mejor y de la mejor manera. Por el otro lado, la baja atención te llevaría a juzgar todo de la peor manera, a centrarte en lo negativo, en el fracaso, en todo lo que podría no resultar. Absorto en ella, sólo aportarás miedo e incertidumbre. Y recuerda que nuestras opiniones y sugerencias son percepciones y juicios, y no una absoluta verdad.

Cuando te pregunten, cuando generes una opinión, cuando observes, deja que tu ser refleje, reconozca y potencie lo bueno y lo mejor. Tus palabras y tus actos en alta atención son útiles y benéficos para los demás. Ten muy en cuenta que, a menos que te pidan explícitamente un juicio o una crítica, lo mejor es evitar dañar. No centres tu vida en ver lo malo, eso generará dolor en lo que te rodea y al tiempo terminarás viviendo aquello a lo que le das atención.

Mantener una buena atención es una virtud. Va mucho más allá de ser "positivo", como se entiende el término en su forma genérica. Es ser firme y elegir centrarte en la gratitud y no en la queja. Agradecer por lo que está presente en vez de lamentarte por aquello que no tienes y que tanto anhelas. Asumir la enseñanza y no el problema. Actuar para resolver y no concentrarte en cómo no hacer las cosas. Ser propositivo, ingenioso, mirar el sendero que abre las puertas y no condenarte a aparecer como una sombra negativa que juzga todo, que ve mal todo, pero no propone, no resuelve ni construye. En síntesis: poner tu enfoque y atención en la plenitud de tu vida y en tus capacidades o en las de los demás, en vez de centrarte solamente en las limitaciones, los errores y las expectativas que no se cumplieron.

En nuestros días hace falta alta atención. Estamos inundados de baja atención, de problemas que sólo se analizan para ver lo graves que son. Pero casi no se plantean soluciones. Vivimos inmersos en entornos globales pesimistas donde el éxito parece lejano e inalcanzable, donde la perfección genera frustración; la riqueza, insatisfacción; los logros, un sobreesfuerzo, y la vida ideal requiere un doloroso recorrido lleno de irrealidad para llegar a un escaparate falso y perecedero.

Por eso te toca poner tu energía en lo mejor, lo positivo y lo más bueno. En celebrar los triunfos del hombre y no sólo enumerar sus fracasos. En agradecer por lo mucho que ya tenemos y no pasar el tiempo enfocado en la insatisfacción por lo ausente. Hacemos falta quienes apreciemos mucho lo bueno, quienes impulsemos la armonía y la felicidad de todos los seres. Hacemos falta quienes seamos parte de las soluciones y cooperemos con los grandes planes de cambio y evolución para todo el planeta. Es mucho más agradable y nutre más el entorno aquel que sonríe y es propositivo que el que se queja constantemente y, amargado, amarga a los demás. Como leí una vez en algún libro: "Podemos lamentarnos porque la rosa tiene espinas o agradecer que las espinas dan tan bella flor".

Procura recordar que la realidad terminará construyéndose a tu alrededor con todas aquellas atenciones que recolectas al transcurrir de tu historia. Quien en el camino por el desierto sólo atendió al pesado sol y a la fatiga de la marcha llegará a su destino cansado, insolado e insatisfecho. Pero quien cruzó la misma ruta al mismo tiempo y centró sus ojos en la inmensidad del desierto, en la belleza del cielo, en lo agradable de la marcha, quien disfrutó la Luna y reflexivo atesoró su pensamiento mientras caminaba, ése llegará a su destino agradecido y maravillado, más nutrido de vida y más pleno de historia personal.

Quiero compartirte ahora una historia para ilustrar mejor la diferencia entre ver un solo hecho con alta y con baja atención.

Una vez preguntaron a dos hermanos sobre su infancia temprana. El primero de ellos respondió que el padre había sido excesivamente duro y la madre, ausente en la crianza. La familia había vivido demasiados cambios de casa y siempre contó con poco dinero para vivir con dignidad. Ésta era la razón de su desdicha y le había propiciado heridas que todavía no podía curar.

El segundo hermano contó que el padre le había mostrado la disciplina y el valor de ser ordenado. Su madre había tenido que salir a trabajar, había aprendido a adaptarse porque debieron mudarse muchas veces, y pudo comunicar esta capacidad a sus hijos. Y aunque el dinero era limitado, tuvo lo que necesitaba para vivir en paz. Por eso este hermano aprendió a trabajar arduamente utilizando su capacidad de adaptación y la disciplina que desde niño adquirió.

Sobra expresar quién de los hijos vive en el resentimiento, en la insatisfacción y en la carencia, y quién ha criado una familia, está en paz con sus padres, respeta sus historias y vive agradecido en la certeza que nos da la autorresponsabilidad. Dicho de otro modo: ambos hermanos vivieron la misma infancia, pero sobra decir cuál de los dos la recuerda con baja o con alta atención.

Procuremos posar los ojos, el corazón y la presencia en lo más bueno y útil, en la belleza y en la armonía. Así, nuestra historia estará siempre llena de las vivencias y experiencias, de lo recorrido, pero muy especialmente de aquello que hicimos con ella, y de todas esas joyas que recolectó nuestra alta atención. Recuerda siempre: aquello en lo que pones tu energía, se vuelve tu realidad.

4
Presencia e intención

Presencia

Una leyenda de la selva dice que los dioses crearon los contenedores más bellos para su creación. De barro hicieron los mamíferos y los hombres, de maíz molido las aves y las frutas, de arena compactada los peces y todo lo que vive en el fondo del río. Todo era bello y tenía su lugar. Le dieron color a todo con su pensamiento. Pero al colocarlos en todas direcciones les faltaba algo, pues eran sólo objetos bellos, estáticos y duros, fijos en un lugar. El mundo era lindo e inmóvil.

Un dios vigoroso cantó entonces, y su canto era tan bello que de pronto los objetos se balancearon y sutilmente bailaron. El dios complacido dijo: "Yo les regalé el movimiento". Toda la creación despertó. El movimiento era sin duda el gran regalo. Ahora cada elemento se desplazaba, se mecían los árboles y el agua avanzaba, los colores en su vaivén lucían mucho más lindos y los animales se mostraban magníficos al desplazarse. Todos estaban complacidos. Los dioses y las fuerzas de la selva celebraron al gran dios y su regalo. Por unos días la creación parecía perfecta. El movimiento y la belleza habían creado una atmósfera paradisíaca.

Sin embargo, como siempre ocurre, alguien contempla todo desde la distancia. El más viejo de los dioses observaba desde un gran árbol la joven creación. Contempló con su paciente mirada cómo poco a poco lo maravilloso empezó a opacarse, el color y el movimiento estaban de alguna forma incompletos. Era como si estuvieran huecos.

Al pasar los días, otros dioses se fueron dando cuenta de esa falta de "algo" que hacía rutinario e insípido el otrora magnífico espectáculo. El dios vigoroso ofreció cantar para acelerar el movimiento, y al hacerlo todo comenzó a parecer demasiado rápido, monótonamente veloz. Otros dioses sumaron colores nuevos a la creación y muchos armaron nuevas creaciones de barro, arcilla o maíz, y pese a los esfuerzos, algo pasaba, algo faltaba. Esa especie de niebla lo consumía todo.

El dios viejo, con esas virtudes que sólo el tiempo da, aguardaba y contemplaba quieto y sereno todo lo que se expresaba a su alrededor. Todos los dioses estaban perplejos. Cada uno pensaba en cómo aportar más objetos a su paraíso incompleto. En conjunto debatían y cooperaban sobre lo que había que poner de más para que la creación se completara.

Un día se reunieron a orar. Sí: los dioses menores en nuestra historia llaman a un dios omnipotente y mayor, esa fuerza superior y creadora de todo. Le pedían su guía y consejo. Bailaron y ofrendaron con la esperanza de una respuesta. Pero a la mañana siguiente nada había cambiado. Volvieron a orar y aumentaron las ofrendas. Así lo hicieron por muchas lunas, mientras la creación acelerada parecía descontrolada y sosa, a pesar de que la acrecentaran con nuevos colores y más movimiento.

Y justo cuando los dioses cansados y frustrados comenzaban a pensar en destruir la creación, el dios viejo, arriba del árbol, tuvo un sueño y comprendió. Aún faltaba algo...

Desde lo alto de su gran árbol, con voz cortada y áspera, les dijo: "Hemos elaborado la creación con esmero, con sus formas y sus colores. Con cariño les dimos un lugar y el canto mágico les proveyó de movimiento. Pero eso no basta. El Gran Creador que ha recibido vuestras ofrendas me ha revelado el secreto. Me ha dado finalmente la respuesta a nuestras plegarias. Entreguemos nuestra esencia, para infundirles una propia. Hagamos que nuestro fuego interno y la divina sangre que nos recorre los toque, los habite y los despierte. Infundamos en ellos el soplo de la consciencia y el regalo de la *vida*".

El dios viejo comenzó a girar, y lo hizo tan rápido que se volvió un rehilete, y de todas partes emergía una especie de lluvia luminosa y acuosa que al caer y tocarlo todo les infundía algo especial, un toque que les daba sentido.

Otros dioses comenzaron a girar también y empezaron a diluirse para integrarse a esa lluvia tan poderosa y suave. Toda la creación súbitamente cambió. No era por fuera, sino por dentro que sus ojos brillaban, que su movimiento cobraba sentido, que las plumas se nutrían de algo que las hacía más sutiles y hermosas. Las diminutas hojas se hicieron independientes y conectadas a la vez. Cada elemento tenía eso tan especial. Los dioses más jóvenes, antes de ver desaparecer al viejo dios, le preguntaron: "¿Cómo llamaremos a eso? ¿Cómo lo aprenderán a nombrar los hombres?". El dios viejo, diluido como estaba, expresó con una voz alegre que estaba en todas partes: "Es un *presente*, un regalo... llamemos a eso *presencia*".

Fue así como los dioses se diluyeron para entregarnos el brillo en los ojos, la fuerza en la sonrisa, la vitalidad para procrear, la festividad en los ríos y la mágica creación llena de presencia.

Algunas veces damos por hecho que sabemos. Suponemos que al recorrer algo superficialmente en realidad lo conocemos. No nos damos el tiempo para cuestionar debidamente si las prácticas que repetimos miles de veces son realmente correctas, o si por el contrario son costumbres y hábitos tan afianzados que los damos por hechos absolutos.

En el ajetreo de la vida, la mayoría se deja llevar por el principio incompleto que afirma que: "Si lo he hecho tantas veces y tantos años, entonces seguro está bien hecho".

Confundimos a menudo la costumbre y el hábito repetitivo con aquello que está bien ejecutado. Damos un valor injustificado a las palabras que se han repetido muchas veces al paso de la historia, dotamos de un sentido de verdad a lo que los eruditos validan sólo porque antes otros eruditos lo validaron. Optamos por suponer que quien ha hecho un oficio como se ha ejercido por generaciones lo ejecuta de forma correcta. Y no necesariamente es así. Hemos arado la tierra por siglos en grandes extensiones de terreno, y aún en nuestros días la seguimos lastimando más de lo debido. Hemos considerado por milenios una superioridad de lo masculino sobre las mujeres, y sin embargo es falsa. Confundimos la cantidad de repetición en una profesión, arte o disciplina con la maestría para ejecutarla. Descubriremos que la maestría no llega solamente por repetir.

Muchos aún creen que ingerir un montón de cosas por la boca es comer bien. Que ir a muchos lugares es saber viajar. Y entre comer barritas de sabores, y comer y nutrirte de verdad, hay un abismo. Igualmente lo hay entre tomarte fotos en muchos lugares y conocer con profundidad el significado de viajar. También consideramos que jalar aire por la nariz es respirar. Hasta que en un momento descubrimos cómo hacerlo realmente y *respiramos* clara y plenamente. Entonces nuestra experiencia cambia radicalmente. Pasamos de emitir ruidos a comunicarnos, de andar como simios a caminar, de habitar un lugar a saber estar. Trascendemos de sobrevivir a *vivir* en totalidad.

Poco a poco vamos ganando consciencia y experiencia. Nos volvemos un poco más lúcidos y descubrimos cómo es distinto lo que se hace con esmero y cariño, cómo tiene algo más la obra que lleva el impulso de su artista. Así llegamos a reconocer hasta en los más mínimos actos el poder de lo bien realizado. Logramos comprender y gozar de los efectos que lo bien hecho, lo magistralmente elaborado, trae a nuestras vidas.

Hemos visto ya cómo las palabras y las descripciones corresponden al tonal, pero experimentar las ideas hasta hacerlas tuyas y darles un lugar en tu ser impregnándolas de intención es nahual. Entonces puedes vivir las palabras, convertirte en el concepto, hacer tuya la idea y no solamente observarlas anotadas en un libro.

En el camino hacia el despertar, la consciencia te permite descubrir que algo pasa, mientras que la atención reconoce qué punto de lo que descubres quieres incorporar a tu vida. Y sólo cuando el hallazgo pasa de la mente consciente, de la energía atenta hacia el mundo de tu práctica personal, el aprendizaje toma un sentido para ti.

El conocimiento es el resultado de un viaje. Y sólo cuando el conocimiento está integrado en tu vida, en tu cotidianidad, en tu estar, entonces se convierte en un nuevo cimiento, en un puente o en un faro, en un peldaño valioso que te impulsa y te guía hacia el gran despertar.

Cuando logres llevar el conocimiento a la oficina, a las vacaciones, al compartir en familia, cuando se vuelva parte de todas tus actividades, entonces el conocimiento se ha vuelto *vida*. Y quien vive el conocimiento se vuelve sabio y se le abren todas las puertas.

Al traer este nuevo tesoro del plano de las ideas al mundo de los actos, estoy seguro de que tu vida se va a transformar.

Estas líneas por venir tienen la mágica potencialidad de sembrar un cambio radical en tu forma de experimentar y de compartir este sendero. Si estás dispuesto a integrar en coherencia este elemento superior, ten la certeza de que va a impulsar tu ser y te guiará a evolucionar en el más puro sentimiento: el amor.

En una tierra lejana se honraba solamente la vida *bien vivida*. La vida que tenía significado, que trascendía, que emocionaba, que se recorría paso a paso con pasión. No había nada más importante para los habitantes de esas tierras tan especiales que vivir de verdad. Por eso desde pequeños sus mayores se centraban en mostrarles paso a paso el elemento fundamental para vivir en verdad. Todos debían perfeccionar con constancia y consciencia el arte de "saber estar".

A esta maravillosa práctica tan valorada por todos, a este arte personal que daba sentido a su forma de vida, a esta práctica maravillosa que los exaltaba como comunidad, la denominaban *presencia*.

Cada familia, clan y gremio rendía honores a la actitud de saber estar en totalidad. Esto significaba hacer las cosas con consciencia y atención al presente, poniéndole corazón a sus tareas, incluso a las más ordinarias. Era tan importante ejercitar y desarrollar el saber estar, que la devoción más importante del pueblo era para la Divina Presencia. En el centro de toda actividad, ceremonia o evento estaba ella. En el interior de las moradas, en los cruces de caminos, en las fuentes y plazas públicas estaba un símbolo dedicado a ella. Además, aprovechando la inmensa llanura que parecía abarcarlo todo, se veía como un constante recordatorio una magnífica torre dedicada a ella en lo más alto de su templo principal. El pueblo mismo había sido trazado alrededor de la torre blanca de la Divina Presencia. Todas las vías emergían desde ese punto focal, permitiendo que, desde cualquier casa, desde cualquier campo de cultivo, taller y vereda, la torre se mantuviera a la vista y siempre reluciente.

Para elaborar el santuario los habitantes del lugar habían destinado recursos, cariño y mucho tiempo a la increíble construcción circular. Había sido elaborada con los más perdurables materiales y se alzaba a tal altura que a la distancia aparecía como una montaña. Estaba decorada por la experta mano de obra de cada gremio de trabajadores, y a cada familia o clan se le asignaban altares que envolvían como una gran espiral concéntrica todo el espacio.

Cuando los niños eran muy pequeños, sus padres les colocaban una pulsera muy especial en su mano izquierda, símbolo de la presencia. El único detalle de la sobria pulsera era una muy brillante cuenta. Entre las tradiciones y costumbres de la comunidad, se usaba desde muy temprana edad enseñar dos nobles virtudes interiores: saber estar y hacer *realmente* lo que se hace. Era un precepto individual y comunitario mantener estos valiosos principios. Para recordarlos siempre se utilizaban unos letreros de preciosa manufactura en las puertas de todo taller o lugar especial del poblado. En la entrada de la escuela colgaba un letrero que con bellos colores decía: "Cuando aprendo, *aprendo*". En cada taller de artesanos, elaborados con los materiales más finos, se podían mirar carteles en donde se leía: "Cuando trabajo, *trabajo*". En las casas sencillas y lujosas se colocaban por igual cuadros enmarcados con esmero en los que resaltaba la inscripción: "Cuando estoy, *estoy*".

Las personas de ese pueblo se tenían en muy alta estima por todos los rincones del reino. Eran conocidos como grandes maestros de su oficio, apreciados como los artesanos más dedicados y responsables. Las mujeres eran fuertes, devotas y amorosas. Sus hombres eran cumplidos tanto en sus labores como en la entrega a su familia. Había impecables escribas con caligrafías perfectas y trazos sutiles, y campesinos que a base de trabajo e ingenio lograban impresionantes cosechas.

Por todos lados se hablaba de los altos estándares que meticulosamente realizaban en sus diversas actividades, incluyendo las más cotidianas o sencillas. Su fama bien ganada los hacía acreedores de un respetuoso mote: los Hijos de la Presencia.

Vivían una vida muy refinada, con mucha consciencia del bien colectivo y dedicada a la espiritualidad. Entre sus prácticas había muy valiosos ritos, ejecutados con sumo respeto y cuidado. Las pulseras que recibían en la infancia se iban agrandando en cada cumpleaños para recordar el valor de saber estar y renovar con mayor consciencia el compromiso de *estar presente*.

Se pedía que todos los habitantes, sin distinción de edad, género u oficio cooperaran con la comunidad. Y era costumbre que los mayores educaran a los pequeños con su propio ejemplo. Cada miembro se tenía en gran valía y honraba a su familia, a su gremio y a su pueblo. Todos llevaban en alto el ideal de la presencia y reconocían con orgullo: "Mucho de lo que somos se lo debemos a 'saber estar', que es nuestra más elevada virtud".

Cuando los niños entraban a la juventud, al momento de hacerse parcialmente responsables en la comunidad, se celebraba un solemne acto. Varoncitos y mujercitas realizaban una procesión en compañía de sus padres, allegados y amigos. Era una gran celebración y todos participaban embelleciéndola y alegrándola. Los jóvenes eran aseados y guiados al inmenso y hermoso templo de la Divina Presencia. Y allí, en el lugar más sagrado, se entregaba a cada quien un saquito con diminutas cuentas de un brillante cristal: el mismo que llevaban en su pulsera desde el nacimiento en el brazo izquierdo, su brazo del corazón.

Este lindo saquito y sus valiosísimas cuentas los acompañarían entre sus ropas por el resto de sus días. Sería para cada uno el símbolo del presente. Tal entrega y recepción simbolizaba que estaban listos para comenzar su propia devoción y servicio a la Presencia. Allí, rodeados de los altares familiares, inundados por la luz de las vidrieras y acompañados por toda la comunidad, tomaban el juramento. Era sencillo y servía para todos los aspectos de la vida:

"Yo estoy aquí y ahora, en contacto con mi corazón, *¡estoy!*"

Ese mismo día se grababa su nombre en un amplio contenedor transparente y se colocaba junto a otros en el altar familiar.

A partir de ese momento, de forma respetuosa y constante, había que rendirle tributo a la Madre Presencia. Por eso cada día, al volver de las labores y cuando el sol se ponía, todos se reunían en el gran templo. Cada tarde se colocaban bajo su altar familiar y hacían un recuento de lo vivido en el día. Básicamente dejaban pasar todo lo hecho sin cariño, sin consciencia y de modo automático (pues no tenía realmente valor) y resaltaban lo hecho con presencia. Sólo contaban las actividades y el tiempo en donde ciertamente se estaba allí, donde todo el ser está en coherencia con el acto. Es bueno aclarar que algunas veces el enojo o la frustración también tenían a la persona presente con sus sentidos y su mente, pero mayormente se procuraba honrar a la diosa en actos buenos y placenteros.

Así es que cada día, al narrar los actos más especiales, en donde sus sentidos y su corazón estaban en coherencia, en donde legítimamente estaban de verdad, depositaban en la urna con su nombre un cristal por cada acto de presencia. Era un momento reflexivo, silencioso y de mucho respeto, cuando cada uno colocaba los diminutos y muy valorados cristales, tan pequeños como el azúcar. Cada individuo se autorreconocía y colocaba con suma atención la cantidad que correspondía a la presencia del día.

Entre los más jóvenes pasaban años antes de que los cristales comenzaran a hacerse notar en los recipientes. Otros muchos, por largas temporadas de inquietud, pereza u olvido, no lograban poner nada en el contenedor, pero aun así debían acudir al templo a observar su *no presencia*. También los había que en el tiempo del enamoramiento y la maternidad colocaban varios cristalitos con presteza en el recipiente. En los altares había una diversidad de recipientes que contenían desde varias decenas de cristales hasta miles de pequeñas piezas que refractaban la luz.

Los más respetados entre los Hijos de la Presencia eran aquellos que con base en su práctica y devoción se mantenían todos los días colocando cantidades muy similares de cristales; eran los más constantes, y sus contenedores nunca dejaban de crecer. Éstos se llamaban a sí mismos Aacimis, que en una lengua sagrada significa “los profundos, los que están aquí”.

Muchas cosas rodeaban la vida de las personas de este pueblo, algunos momentos malos y otros mejores. Ellos aprendían a estar presentes en ambos. Sin embargo, cuando había dolor, procuraban estar sólo en lo esencial. Era importante observarse y vivir el dolor. Se evitaba extenderlo o acrecentarlo con la mente y las ideas, porque eso significaba sufrimiento. Y el sufrimiento los distraía y los sacaba de la presencia real. Perdían el presente "sufriendo", resintiendo y acrecentando, inventando y exagerando la experiencia dolorosa y adhiriéndole nuevos e imaginarios recuerdos. En el sufrimiento las personas se volvían víctimas, y las víctimas están atadas a su pasado. Por esto no podían estar verdaderamente *aquí*. Perdían la dicha de la presencia, presos por una herida.

En cambio, en la dicha, se procuraba expandir la presencia y valorar inmensamente todo lo bueno y bello. En general, experimentaban una vida muy plena, de mucha alegría, gratitudes sutiles y eternas, de gozos que perduraban. Y no es que la realidad externa fuera muy distinta a la de los otros pueblos. Igual que a todos, les llegaban las buenas y malas épocas, el calor terrible del verano y los prolongados inviernos que invadían la región. Sin embargo, era su devoción, su práctica y su *saber estar* lo que hacía mejor su vida. Frente a los buenos tiempos, decían: "Presencia". Frente a los tiempos difíciles: "Presencia". Finalmente, ambos tiempos pasan, y ni lo difícil es tan difícil ni lo bueno es tan bueno: todo simplemente es como es…

Los matrimonios, los acuerdos personales y los tratos eran muy respetados, pues se hacían con plena consciencia, se apreciaban, se honraban y se mantenían en completa libertad de ambas partes. Se vivían vidas con significado, amistades firmes en el cariño y vínculos estrechos y respetuosos. Se recorría la existencia con pasos serenos y conscientes. Se *vivía* bien…

Finalmente, la muerte llegaba, como nos llega a todos los hombres. Sus cuerpos inertes eran llevados al centro del templo en una procesión muy especial, acompañados por sus seres más cercanos y muchas veces por toda la comunidad. El difunto se colocaba en un pedestal al que la luz envolvía de una manera dulce y cálida. Junto a él se colocaba el recipiente con su nombre y todos sus queridos cristales. La gente permanecía horas contemplando y acompañando la luz que cubría al cuerpo. Se valoraba especialmente la cantidad de presencia reflejada en el número de cristales que había en su recipiente, porque se creía que era el símbolo del tiempo que en verdad había vivido. Mucha gente se acercaba y depositaba algunos cristales alrededor del difunto, agradeciéndole la presencia que tuvo, lo que les dio en verdad, lo que se compartió a lo largo de su vida en la compleja maestría de saber estar. Se honraban sus lecciones, sus actos, incluso los objetos que había fabricado con amor, las semillas de su campo, los bordados que elaboró o su poesía: todo eso que hablaba de ella o él y que seguiría viviendo y trascendiendo por mucho tiempo más.

Mientras el tiempo suave pasaba, el recipiente de cristales de presencia se multiplicaba mostrando cómo marca la vida de otros, cómo nuestro *estar presentes* deja huellas e invita o despierta el *estar presentes* de los demás.

Al final de la ceremonia, entre flores y coloridas telas, sin ningún ataúd, se sepultaba el cuerpo en un valle muy lindo. Se despedía de este plano brillante como un sol, reluciente entre cristales diminutos, satisfecho de la vida que presenció, de los dones que regaló, de la historia que tejió. No se honraba el tiempo transcurrido, sino los miles de presentes vividos.

Y así todos sonreían cada día al depositar sus minúsculos cristales, porque sabían que de presentes, y no de tiempo, se trata nuestro recorrer esta historia: de presentes y no de horas se hace la vida.

La magia continuaba tras la partida, porque el recipiente con el nombre de quien había partido regresaba al templo, y, vacío como estaba, comenzaba a llenarse de presencias en el recuerdo, cada que sus descendientes lo pensaban, lo amaban o seguían aprendiendo del que se fue. Entendían que no todo termina, que un cuerpo había partido, pero su presencia continuaba, aquí, en el eterno ahora, en el corazón que late, en el saber estar de todos con los que supo estar.

¿Qué es la presencia?

Es una actitud frente a la experiencia que vivimos, un acto de atención sostenido en el *aquí*, la toma de consciencia de lo valioso que es el *ahora*. Es amor expresado del modo más lindo y natural, dándonos enteros a aquello que es importante. La presencia se podría definir como estar conscientes, atentos y con la energía colocada *aquí y ahora*. La presencia nos impulsa a estados de plenitud y coherencia, aprendizajes plenos y logros íntegros para nuestro bienestar. Cuando realmente sabemos estar, todo nuestro ser se enfoca, y esto da como resultado expansión y poder personal. De modo muy concreto, la presencia es saber estar en el aquí y ahora con el corazón abierto.

A nosotros los occidentales (sin importar la geografía, llamo así a las sociedades que se consideran a sí misma "desarrolladas") se nos educa para *no estar*, porque una persona presente decide, y a nadie le gusta lidiar con eso. Es mucho más fácil tratar con sociedades de autómatas y ser vulnerables al ejercicio del poder de otros. Cuanto menos presentes estamos, menos nos damos cuenta de lo que realmente ocurre y nos dejamos llevar, en vez de decidir el rumbo que elegimos tomar. A los niños pequeños en lugar de enseñarles a presenciar el enfado o la tristeza, se les distrae con un juego o regaño para que no estén en su emoción. A los jóvenes, lejos de mostrarles cómo enfrentar con presencia sus miedos y sus cambios, se les facilitan los medios digitales para evadirse o para adquirir en línea artículos que les ayuden a fugarse de lo que realmente está pasando. Muchos adultos prefieren crear una vida falsa en redes sociales o mostrar una aparente dicha en su entorno social antes que asumir sus límites y bloqueos, y enfrentarlos en terapia o conocerse y aceptarse de modo interno. Incluso mucha gente en el llamado "primer mundo" practica cirugías para cambiar tanto que termina sin parecerse a sí misma. Pasa igual cuando personas de avanzada edad fingen un estilo de vida irreal en lugar de asumir con consciencia su edad y gozarla desde la verdadera presencia.

Sin duda somos una sociedad distraída, un entorno que busca más la apariencia externa que la verdad interior. Un mundo que desvía la mirada de la guerra y el hambre de sus congéneres y evita tocar la necesidad, la muerte o la enfermedad, y en cambio juega a una vida sofisticada y efímera, a una realidad del no estar. Porque quizá para estar hace falta asentir a lo que somos, sin filtros ni maquillajes, sino con el valor de asumirnos y afrontar nuestra vida *estando en ella, y siendo nosotros mismos*.

Comenzar a practicar la presencia requiere de mucha energía, constancia y esfuerzo. Nos demanda atención, consciencia, intención y corazón. Por eso mucha gente abandona su práctica, sobre todo muy al principio, cuando no encuentra los resultados "inmediatos" que supuso hallaría. Es más fácil y cómodo no estar presente, es más sencillo dejar que la vida pase para luego victimizarnos por lo que ocurrió. Es aparentemente sencillo culpar a otros, y sentir que la vida injusta "nos hizo" tal o cual cosa en lugar de afrontar lo que ocurre con autodisciplina y responsabilidad. Es más fácil criar una familia por celular, gobernar un país por WhatsApp y asumir la realidad en línea que estar presente en una crianza que será imperfecta, encarar a un pueblo con sus necesidades y todas sus diferencias, y vivir en primera persona tu vida, sin tanta producción o postedición. Es más simple la vida de un costal de papas que se lleva de un lugar a otro sin ningún esfuerzo que la de un buscador que debe asumir su presente y decidir cada día el rumbo a tomar, que asume enfrentar las consecuencias de las decisiones y hacerse responsable de su andar.

Quien no toma un compromiso ni siquiera para consigo mismo, no puede estar en auténtica presencia para nadie. El que se evade, se ausenta y se distrae, no asume su responsabilidad. Aquellos que ni se enfrentan a desafíos ni tienen compromisos, que no se equivocan ni fracasan porque nunca intentan nada, que pasan sin hacer contacto, que no saben generar vínculos, sencillamente *no están realmente aquí*.

Pero al pasar el tiempo y mantenerte constante en ejercitar tu saber estar, la presencia se irá volviendo tu aliada, y llegará el tiempo en que fluya y se transforme en un delicioso hábito que te dará grandes momentos y mucha lucidez en tu andar. Recuerda que toda gran obra requiere presencia. Que los eventos más memorables nos requieren *estar*.

Presenciar significa separar la imagen que tengo de mí (ego) y tomar mi verdadera presencia (ser). Para ello es necesario contar con un estado de serenidad, un punto de tranquilidad y quietud mental. Para poder ser lo que somos, sin esfuerzos ni recubrimientos, necesitamos emerger desde el núcleo con simpleza y verdad. La flor no se esfuerza por ser flor, ni el cielo por ser cielo, ni el Sol lucha por brillar. Todo *es*; entonces, *sé tú* también.

Aunque ser lo que somos podría resultar espontáneo y natural, lo cierto es que estamos diluidos en muchas partes. En las máscaras que usamos para sobrevivir, en las armaduras que nos hemos fabricado para protegernos, en los disfraces que utilizamos para agradar a otros, en las poses que nos dieron resultado para conseguir pequeñas ganancias y en la infinidad de fantasías que, por gusto, moda o "necesidad", hemos creado en relación con nuestro propio ser. La presencia es *poder ser* más allá de la imagen, de la nube del ego, del juicio y de las limitantes.

Considera esto: cuando la imagen que el mundo ha hecho de ti te está limitando para ser (con tu permiso, participación u omisión), o cuando estas etiquetas te han recubierto por completo, llega un momento en el que sólo puedes representar esas etiquetas. Desde ese lugar sólo vives para complacer el sueño de otros, los proyectos de otros, los anhelos de otros, los mandatos de otros; para vivir según los lineamientos de otros y para realizarte "individualmente" como te pidieron los otros. Por ello es tan difícil salir de esa realidad que vives diseñada por otros, que recorres para gustar a otros, que persigues porque te enseñaron a perseguir.

Uno sólo puede presenciar cuando es verdadero, cuando es auténtico, cuando está en conexión con su esencia. Estar presentes es amarnos como somos, liberarnos del querer ser y agradecer que ya estamos aquí, siendo la totalidad. Presenciar es tener la mayor cantidad de energía *de mí*, *en mí* y utilizarla en el aquí y ahora, además de abrir mi corazón para que todo se dé en armonía desde mi interior.

Sólo vive y trasciende realmente quien está en presencia. Cuanta más presencia de nosotros hay, queda menos espacio para lo que no somos. Cuando *estás*, ni las imágenes te arrastran, ni el mundo te devora en sus mil demandas. Cuando aprendes a *estar*, más amplia y poderosa es tu experiencia en la realidad y más puedes marcar la vida de quienes te rodean.

Un par de años atrás, mientras daba una clase frente a un pino de Navidad suntuosamente decorado brotó un estupendo momento de aprendizaje que ahora te comparto.

Primero imagina ese árbol: el pino navideño más bonito y decorado que recuerdes o que puedas construir en tu mente. Ahora pregúntate: si se va del árbol todo aquello que no es el árbol, ¿qué queda?

Si le quitas las esferas, las luces, la estrella, ¿qué queda? Si hacemos que lo abandone también todo lo que hay en el cuarto en el que se halla, si retiramos la música, los regalos en su base y las fechas especiales, ¿qué queda?

Imagina un árbol de Navidad sin Navidad, sin brillantes adornos, sin foquitos de colores, sin detalles que lo exalten, sin casa ni gente que lo contemple. ¿Qué queda, entonces?

La respuesta es sencilla pero profunda: *Queda el árbol.*

Queda el árbol en esencia, en pureza, en verdad. De pronto, cuando todo lo que cubre se va, queda el árbol. Ya no es un pino navideño, porque nada en sí mismo lo hace ser de Navidad; ya no es un árbol de regalos ni de unión familiar. Maravillosamente, sólo vuelve a ser *él*. Y es que lo único que hay es árbol; lo demás lo adorna, pero también lo descompone y lo limita, lo "embellece" y lo hace perderse un poco de sí. Hasta que llega un momento en el que vemos todo lo que lo recubre, el significado que le damos, la belleza de la celebración y frente a todos desparece su auténtica naturaleza.

Igual nos pasa a nosotros: estamos tan decorados que nos olvidamos, tan envueltos que nos perdemos, tan sobresaturados de etiquetas ajenas que no nos reconocemos. Y a veces resulta casi imposible volver profundamente, recuperar la escucha interna y apartar lo superficial para *estar*, para *ser*.

Deseo que este relato perdure en tu corazón. Que al igual que mis alumnos esa noche recuerdes siempre la pregunta: "Si se va del árbol todo aquello que no es el árbol, ¿qué queda?".

Nuestro *ser* es eso que, si nos quitan todo lo demás, va a quedar de nosotros. Es eso lo que somos, es ésa nuestra verdad. Y presenciar desde la verdad que vive en ti *eso*, en toda su grandeza, es saber estar contigo, para saber estar con la vida, el mundo y con lo demás.

Tres senderos

Cuando estamos *presentes en nuestro presente*, éste se expande, porque la consciencia también lo hace. Cuando estás presente leyendo este libro, el libro mismo se expande, se vuelve más y deja más en ti. Cuando estás presente criando a tus hijos, creces, y en su interior tomas un lugar grande y rico que los nutrirá por siempre. Cuando amas en presencia, el amor, el vínculo y tú y el otro crecen también. La presencia es un acto de amor que siempre expande, que siempre da más.

Los tlamatines (sabios, maestros y filósofos) nos enseñaron que existen para los seres humanos tres tipos de senderos para recorrer: el Auki, el Ochtli y el Ochpantli. Cuando los seres humanos vienen al mundo y trabajan transformándose a sí mismos, van ganando la posibilidad de caminar por alguno de ellos.

Auki

El Auki es el camino que se recorre en la absoluta inconsciencia. Se dice que lo caminan ciegos, ciegos del aquí, de sus pasos, del sendero, de su propia experiencia. Es un camino que quien lo recorre no reconoce, porque tampoco se reconoce a sí mismo.

En el Auki nadie sabe adónde va. Es un sendero que se recorre en manada, por repetición o costumbre, casi siempre en ceguera y en olvido. Es gratis, no tiene costo. Cualquiera y en cualquier momento emprende la senda y donde quiera la puede abandonar. Puede ser que no la abandone nunca, porque nunca se entera de que esta allí.

Es el camino de la irresponsabilidad, sin bordes, sin límites. Quienes lo recorren avanzan como borregos, sin atención, completamente perdidos. Creen que andan en un sentido y resulta que van en otro. Pareciera que siguen a alguien, y resulta que estos "guías" están tan perdidos como ellos o incluso más. No se dan cuenta de si pisan a alguien, si destruyen algo a su paso, si siquiera están avanzando o sólo pretenden hacerlo. Da igual qué sendero tomaron, da igual cuándo y cómo caminan, da igual quiénes son cuando marchan por una vereda, da igual la vereda misma, da igual si llegan o se pierden, si son o no son...

Pareciera que la vida los aventó a este camino. A veces, el rumbo se ilumina y las cosas aparentan estar bien, pero de pronto se oscurece, se vuelve un caos, y cuando regresa la luz, no se dan cuenta de la devastación que hicieron, de dónde estaban ni dónde están ahora, y por supuesto no saben dónde estarán después. Es un camino que produce desesperación y que se recorre como en un estado de embriaguez, sin uso de la claridad y la fineza de los sentidos. Y aquí, claramente, no hay presencia.

Es, por mucho, el camino de las víctimas. Nunca saben cómo llegaron allí, se sienten perdidos en los efectos, porque jamás se hicieron responsables de las causas. Son, por ejemplo, aquellos que se encuentran relegados en la vejez por una "mala familia" y una "injusta vida" sin hacerse responsables del abandono y el dolor que generaron a los suyos; sin el mínimo atisbo de consciencia de que ellos mismos sembraron el árbol del abandono.

El Auki es también, tristemente, el más común de los senderos. Como manadas de inconscientes individuos, viajan todos hacia el mismo espejismo: fama, fortuna, reconocimiento, riqueza, poder, gloria... No saben cuándo entraron a esa carrera, ni adónde van ni si van a llegar. No saben cómo van, ni qué precios pagan ni cuánto daño hacen. Es un estado supremo de atrofia en el que cada uno sigue el cauce de un río que no existe, hacia un destino prometido que es ilusión y nada más. Van actuando "como se debe" (aunque no sean ellos mismos) para agradar a personas o entornos que no conocen y a quienes no importan, para llegar a un lugar indefinido e inalcanzable, porque cada que se acercan a su premio, se alejan en realidad un poco más.

Cada persona que recorre este camino sufre porque no alcanza, porque no es suficiente. Sufre porque no se conoce y después de tanto andar perdido renuncia a la búsqueda. Se queda deambulando sin sentido ni consciencia. Se pierde emulando a una masa que se mueve tras un espejismo que no se dará.

Ochtli

El Ochtli tiene que ver con saber lo que se está caminando. Es el camino de la autorresponsabilidad y la consciencia. Se elige caminarlo, y quien avanza entre sus veredas asume los riesgos de andarlo y disfruta de los bellos aprendizajes que va dando. Por eso los inconscientes, los discapacitados mentales (ojo: no me refiero a discapacidad física o mental clínica, sino a la ceguera de quien camina por el Auki) y los embrutecidos por sustancias no pueden caminarlo. Los niños pueden recorrerlo sólo hasta que son responsables de hacerlo y la elección surge de ellos mismos. Nadie puede transitar este sendero a nombre de nadie más, ni puede obligar o arrastrar a nadie a recorrerlo.

Este camino lo eligen muy pocas personas, porque en él desaparecen las víctimas, no existen culpables externos ni "injusticias" que nos llevan al sufrimiento.

El Ochtli es el camino de atención y consciencia, porque se sabe en todo momento lo que está pasando. Se asumen las decisiones, se toma responsablemente cada paso y se va construyendo en conjunto la ruta al andarla. Aquí hay responsabilidad, mucha consciencia y presencia.

Es una ruta de valientes; para entrar en ella, las personas deben hacerse cargo de sus pies, asumir lo que traen a cuestas, lo que van dejando, lo que quieren conservar y cuidar, y todo el aprendizaje que van tomando al cruzarlo. Quienes caminan por aquí suelen ser personas con carácter, con fuerza, personas valientes que no se dejan llevar fácilmente, que se centran en ideales, que se comprometen y cooperan con un bien superior. Es un camino más solitario, a veces un poco ausente de tonal (del mundo material), y se transita con pasos menos ágiles y más presentes. Su propósito central es la búsqueda de la atención constante, del *aquí*. Es bellísimo porque sus ojos lo hacen resplandecer en la luz de su propia percepción iluminada desde dentro.

Criar hijos para recorrer el Ochtli es un desafío. En primer lugar, sólo alguien que ha tomado este sendero puede mostrar a otro la entrada y las formas de transitarlo. Luego, los padres que quieren abrir a sus hijos esta senda deben mostrar a sus vástagos la independencia, la fuerza de pensar por sí mismos, la voluntad de enfrentarse a los desafíos, la autorresponsabilidad, la autorregulación y finalmente el valor para abandonar el hogar y la protección que los propios padres dan. Y ojo: abrir la senda e invitarlos a andarla es todo lo que los padres pueden hacer, pues sólo el hijo con su determinación y libertad puede hacerse caminante del Ochtli. Se trata, finalmente, de criar hijos con el amor y la fuerza necesarios para que, llegado el momento, se vayan del confort parental y encuentren su independencia y su ruta de expansión y plenitud personal.

En sentido opuesto, el camino del Auki (de inconsciencia absoluta) tiene otras pautas en la relación de padres e hijos. Para ser inconscientes y perderse por donde sea no se dan instrucciones. Lo decía mi abuelo: "Para tarugo no se estudia, nace uno general". Basta con nacer en la inconsciencia e ir detrás de los otros para estar en el Auki. No importa a quién sigas; al final, si vas con la corriente, si eres parte de la manada urbana y simplemente andas por ahí, estarás en este sendero irremediablemente.

Es verdad que el Auki otorga algunas ganancias secundarias:

1. Habrá alguien a quien culpar por la desdicha.
2. No hace falta tener intención de ir a ningún lado.
3. No hace falta enfrentar desafíos.

Sólo andas y andas y, si no te gusta, te das la vuelta. Al final, en un recorrido tan sin sentido, da igual si vas o vienes, si ya arrancaste o estás parado en el mismo lugar.

El camino del Ochtli, en cambio, es un sendero desafiante para andar, requiere atención, presencia y voluntad para abrirte paso. Pero a cambio de esto te da libertad y autoconocimiento, te brinda la fuerza de hacer camino, el valor de tomar tu historia haciéndote responsable de lo que siembras y lo que cosechas. Y quizá más que todo, el Ochtli te permite *vivir* tu propio sueño personal...

Ochpantli

El Ochpantli es el camino del espíritu en el mundo, el de lo sagrado y lo sublime, el de la segunda y tercera atención. Este fascinante sendero te lleva más allá de tu inmediatez, de tu realidad perceptible, de tu individualidad y tu visión egocéntrica. Se trata en primera instancia de ser responsable de mí, además de lo que pasa fuera de mí, y también de lo que pasa más allá de mí.

Es el camino de la consciencia planetaria, y por él se entra en la dimensión de la eternidad, porque vemos no sólo lo que está pasando ahora, sino también lo que puede pasar aun cuando nosotros ya no estemos aquí. Te enseña a asumir tu obra personal (tu vida) y comprender cómo ésta infiere en la vida de los que te rodean (preferentemente de manera positiva), además de a velar por cómo tus actos presentes, tus omisiones y tus servicios van a trascender en el tiempo y en el espacio. Cómo cosechas los frutos de tus obras, cómo los compartes y los pones al servicio de los demás, y cómo las semillas que surjan de estos frutos serán sembradas para continuar una cadena de expansión y flujo con lo superior.

El padre que recorre este sendero se hace cargo de sí mismo, procura cooperar con su familia y comunidad y corrige al niño pensando en el hombre que habrá de llegar a ser. Mira la realidad ordinaria, pero también comprende la otra realidad, la del espíritu, la del alma y la vibración sutil y omnipresente.

Imagina nuevamente un grupo de árboles, como has hecho al leer otras páginas de este libro. Ahora pon atención en lo que implican estos árboles para cada sendero.

En el Auki se talan los árboles, *porque sí*. Porque estorban para la autopista, porque necesito ampliar el jardín, porque quiero espacio para jugar futbol.

En el Ochtli se comprende al árbol, se toma la responsabilidad de cortarlo, se procura no derribarlo, incluso se desvía la autopista. Respeto al árbol porque me respeto a mí, asumo en el árbol un ser al que honro y por eso me hago cargo de mi impulso o deseo, e intento, en lugar de tirar al árbol, diseñar un nuevo plan que satisfaga mi necesidad y que a la vez lo salve.

En el Ochpantli veo lo sagrado del árbol y me inclino ante él. Asumo mis necesidades y busco satisfacerlas. Me comprometo no sólo con el árbol, sino con el bosque, y no sólo por este momento, sino mirando su conservación y cuidado en el tiempo por venir. Descubro que mi anhelo debe ser compasivo, y mi bien personal, beneficioso para otros. Encuentro que soy parte de un engranaje mayor y disfruto de realizar mi papel en armonía con el universo, en equilibrio con lo más esencial y en cooperación con el bien superior.

El Ochpantli es un recorrido de metaconsciencia y metarresponsabilidad. Lo eligen los ecologistas que no protegen sólo el planeta presente, sino el planeta futuro. Los pensadores que no hablan únicamente para esta humanidad, sino para la que aún está por venir. Los que trabajamos por el espíritu y la evolución, los que sembramos la consciencia aun cuando no sea aceptada en nuestros días. Los y las que hacemos lo posible por vivir sin dañar y creando una realidad más linda, vínculos más auténticos, entornos más sanos y un futuro sincrónico y espléndido en el más bello de los sentidos. Todos quienes a nuestra manera cooperamos con un presente brillante que irradia con su luz lo que toca y cuyos destellos pintan de blanco y limpio el porvenir.

Somos nosotros quienes vivimos en este mundo material, pero además honramos, escuchamos, dialogamos y coexistimos con el mundo espiritual. Quienes comprendemos que este espacio, estas formas, esta "realidad" es sólo un fragmento de la totalidad y vivimos dichosos aquí, aunque también sumamos, apreciamos y conservamos la grandeza que se expande *más allá*.

En nuestros días, aunque a menudo lo olvidamos, debemos tanto a los ancestros, a quienes pensaron en nosotros generaciones atrás, a aquellas hermosas presencias del pasado que sembraron dátiles en el desierto, esas caravanas que soñaron e hicieron lo necesario para que muchas generaciones después los oasis surgieran.

Es una obra titánica trabajar arduamente por un destino que ni tus hijos, ni sus hijos, van a gozar. Y es un acto de infinito valor actuar en el presente con la consciencia de que los efectos se manifestarán en un lejano futuro que quizá no llegue. Al igual que lo es apreciar y dedicarnos a lo divino, a las voces y las presencias del cielo o las profundidades del alma, sin esperar respuesta alguna. Sólo hacerlo porque se cree, porque alguien tiene que hacerlo, porque la flama del tiempo debe permanecer encendida para la eternidad.

Andar este camino de la trascendencia a veces resulta muy duro en cuanto a que no percibimos resultados inmediatos ni cercanos. En esta ruta se sigue la senda de la esperanza, de la confianza en el porvenir, del compromiso y la labor por quienes no han llegado aún, del amor incondicional, porque tus actos no serán exaltados, pero el bello árbol que sembraste dará frutos en algún momento y en el mejor lugar.

El Ochpantli es de todos en unicidad. Del viento del norte y de la ballena viajera, de la mariposa peregrina y la indígena en la montaña, del río que se entrega, de la sonrisa del mañana, de la Madre Tierra latiendo y de la paz del devoto, la medicina de la planta y las luces suaves del alba que comparten sus danzas. Es la misma música del mundo que aún suena en nuestros días. Es la evolución de nuestras razas, es nuestro gran viaje desde que salimos de casa.

La trascendencia es fundamental para este sendero. Actuar con propósito, valorar el pasado, honrar a los ancestros por lo que hicieron, pues sin ellos no existiría esto. Es un camino de presencia trascendental y de un amor total, porque aquí se camina con la familia, con los amigos, con la humanidad, y nos ayudamos y les ayudamos y nos damos y les damos, y hacemos camino y somos parte del camino. Es *el gran camino*, porque estamos contemplando la totalidad, porque, aunque en apariencia seamos pocos y vayamos solos, en realidad un Universo entero acompaña y alienta nuestro andar.

Comparto, para terminar esta sección, una frase que la abuelita Tonita me entregó entre una milpa de maíz azul, cayendo la tarde, cuando yo era muy joven y buscaba empezar el Ochpantli: "Cuando empieces a caminar despierto, nunca más podrás hacer como si nada, ni podrás echarte para atrás".

Vivir en presencia es *vivir en verdad*.

Intención

Cada acto lleva una semilla. Cada emoción tiene una causa. Toda empresa que se ha realizado se inició con un propósito. Ese punto interior desde donde surge lo que expresas, lo que le da origen a lo que haces: ésa es la intención.

Imagina por un momento un río, uno caudaloso en el que se puede navegar, uno que va arrastrando vida a su paso. Un río que da de beber a pueblos enteros, que prepara la tierra para la cosecha y que sirve de espacio vital para miles de especies que habitan sus profundidades y sus márgenes. Toda esa agua, todas sus expresiones y sus flujos tienen un solo origen. Todo cuanto lo recorre es un efecto: piensa que el río es un inmenso efecto, cuya causa única es el manantial o la montaña desde donde nace. Si el agua de deshielo es nutritiva, el río será nutritivo. Si el agua del manantial que le da vida es sanadora, el río sanará a su paso. Pero si el punto de donde viene está podrido, todo su flujo estará podrido también. Y si alguien envenena el manantial, todos los pozos y los flujos que se deriven de éste también padecerán el veneno.

Podríamos decir que la intención es como un manantial interior. Es el punto de partida de tu hacer en este mundo y en el otro. No son los hechos mismos: es el sitio desde donde surgen los hechos, el verdadero punto original. Es ese núcleo desde donde brotan tus acciones y desde donde se motivan tus disculpas, no las disculpas en sí. La emoción que origina tus lágrimas (puede ser dicha, tristeza, rabia o una profunda paz) y no solamente el llanto que éstas expresan.

Vivimos mucho en el espacio de los efectos, en lo que pasa. Así es nuestra vida: vamos determinados por el resultado, por lo que sucede, expectantes a lo que se refleja, a lo aparente. Pero para conocer la intención, en cambio, debemos primero reconocer de dónde viene, qué semilla interior se sembró, cuál es la verdadera causa desde donde todo surge.

En las páginas siguientes comprenderemos qué es la intención, luego aprenderemos a reconocerla con transparencia y finalmente a saber colocarla en coherencia con lo que deseamos alcanzar.

Si quieres ver un jardín hermoso florecer, encárgate de sembrarlo de hermosas semillas. Del mismo modo, la intención es el principio a partir del cual actúas, el punto de origen desde donde emergen tus pensamientos, la semilla energética y consciente que siembras en un plano invisible y se expresa en tus actos, en tus palabras y muy marcadamente en tus consecuencias.

Desafortunadamente estamos tan distraídos y vivimos en tanto olvido que, a veces, perdemos del todo la mirada a la intención. Comes por comer y te bañas por bañarte, sólo porque sí. Ésos y muchos otros actos sin intención son reflejos autómatas. Vivimos demasiado entorpecidos por la rutina y la inconsciencia.

A veces, una sencilla pregunta nos da pistas sobre la intención de nuestros actos: *¿para qué?* ¿Para qué me baño? ¿Para qué como? No es lo mismo comer por comer que llevar el propósito de nutrirte y entonces comer; tampoco es igual bañarte que hacerlo desde la intención de limpiar tu cuerpo, tus pensamientos, tus emociones y prepararte para comenzar algo nuevo. La intención le da un rumbo a tus actos, es como apuntar una flecha para que dé en el blanco. Quizá comprendas la diferencia entre fijar el rumbo para dirigir un velero y soltarlo a la deriva permitiendo que se lo lleve el viento hacia ningún sitio.

Intención y *propósito* son conceptos muy similares, aunque el segundo pertenece más a una disciplina mental, mientras que la intención emerge desde un lugar más profundo, desde el ser interior o tu propio espíritu. La intención brota del plano de la energía-emoción que habita para dar a luz el acto y desde la consciencia en que cultivas los sueños que quieres realizar.

Refinar la intención

Cuando hablamos de *refinar* entendemos retirar lo innecesario, quitar lo burdo o limar las impurezas. Llegar a lo puro, a lo auténtico, a lo verdadero.

Cuando comprendes la importancia de refinar, empiezas a hacer una depuración, una especie de limpieza de lo que anhelas, de lo que buscas, de lo que quieres. A veces nos confundimos y pareciera que queremos algo enorme como una casa y, cuando empezamos a refinar, nos damos cuenta de que no son paredes, ni terreno, ni ventanas, ni casa lo que realmente deseamos. Vamos profundizando poco a poco hasta encontrar que lo que queremos es compañía, una familia. Y entonces la energía no se desgasta en la casa: se enfoca en conseguir esa familia. Y puedo refinar aún más profundamente, y entonces descubrir que necesito un compañero de vida; y si voy depurando la intención termino encontrándome con que necesito amarme mucho, valorarme y ser dichoso con mi propia presencia. Todo esto es un proceso de consciencia y observación. Si no refinas la intención, termina ocurriendo que la parte de ti que sólo ve el deseo de una casa trabaja mucho e invierte su energía y su tiempo para obtener la casa. Sin embargo, vivirá insatisfacción (a pesar de la casa) porque no es lo que realmente deseaba.

A veces perseguimos sueños que no son nuestros o propósitos que hemos copiado, pero no surgen de nuestro interior. Y no sabemos reconocer nuestra verdadera intención. Por otro lado, quien se conoce mucho, quien puede refinar hasta encontrar que su primera intención es amarse, aceptarse y validarse a sí mismo, descubre que, si lo hace, entonces llegará un compañero de vida adecuado. Creará una familia y, a su tiempo, encontrará la casa en donde sentirá la plenitud de un hogar, con una pareja hermosa, una vida familiar plena y un vínculo sagrado con su ser interior. Así estará paso a paso satisfecho y en paz.

Para comprender mejor el proceso de refinar, haz un autoexamen. En primer lugar, revisa qué estás buscando en tu vida en estos momentos y observa tu intención. ¿Desde qué lugar en tu interior surge eso que quieres conseguir? ¿Qué sustenta tus proyectos? ¿Desde dónde se genera tu anhelo verdaderamente?

Cuestionarte y adentrarte en lo profundo te dará información y claridad para emprender los proyectos con mayor sentido. Pero esto no se limita a preguntártelo una vez. Si lo vuelves un hábito, si lo refinas constantemente, descubrirás poco a poco tus intenciones auténticas, cada vez más cerca de la raíz. Esto te llevará a un encuentro profundo de ti y de tus causas interiores.

Recuerda que refinar nos guía armoniosamente a encontrar lo que realmente buscamos, a emplear la energía de una manera muy centrada. Si vas al supermercado y no sabes qué necesitas seguramente gastarás mucho y volverás a casa sin algunas cosas esenciales; si, en cambio, haces una lista y vas por lo importante, ahorrarás tiempo, energía, dinero y tendrás justamente lo que sí necesitabas. Qué simple suena este proceso con la compra semanal, ¿no? Pero esto aplica también a las relaciones y los trabajos, a tu forma de vida. Si tienes claro lo que buscas en una pareja, en una escuela para ti o tus hijos, o en tu proyecto personal, será más fluido el proceso de conseguirlo. Muy a menudo encontramos quienes están perdidos sin saber lo que están buscando y terminan insatisfechos y frustrados. Quizá les hizo falta ser conscientes, refinar su búsqueda y reconocer su intención.

Las siguientes preguntas te servirán como guía para tener mayor claridad sobre lo importante y lograr refinar tus intenciones.

¿Qué es lo que realmente quiero?
¿Para qué estoy haciendo esto verdaderamente?
¿Cuál es la real motivación detrás de este proyecto?
¿Reconozco el principio auténtico que me lleva a actuar de esta manera?

Cuestionarte al respecto puede revelarte el camino para tener mayor consciencia de tu auténtica intención: se trata de cuestionarte sobre tus metas, sobre lo que buscas al plantearte esas metas, sobre la pulsión que origina esa búsqueda. Poco a poco irás interiorizando este tiempo de cuestionamientos y se volverán más naturales a la hora de tomar tus elecciones.

Hay otras preguntas que sirven para refinar nuestros procesos de crecimiento, experimentación y aprendizaje:

¿Qué es lo que realmente me está doliendo o alegrando de esta experiencia?
¿De dónde viene esta sensación interior que me limita, me bloquea, me impide conseguir lo que quiero?
De entre todas estas opciones que tengo, ¿cuáles me aportan paz interior?

Como te darás cuenta, refinar te da claridad y te facilita los procesos vitales. Además, te ahorra esa energía que a veces desperdiciamos dando vueltas sin sentido. Pero sobre todo te dará lucidez sobre la esencia pura de lo que realmente es importante. Una persona que aprende e integra la refinación vive una historia más sencilla, auténtica y esencial.

A medida que practiques el proceso de refinar podrás empezar a diferenciar entre dos tipos de intenciones: aquellas que darán resultados positivos o armónicos y las que crearán discordia y sufrimiento. A las primeras las reconocerás porque suman, expanden, abren, aman, crean y mejoran tu vida y la de los tuyos. Las segundas, en oposición, te dañan a ti o a otros, enferman, limitan, oprimen o destruyen. Éstas en algún punto te llevarán al caos, el conflicto y la insatisfacción. Cuando aprendes que una semilla "destructiva" va a propiciar destrucción, dejas de lado todo ese tipo de intenciones. A algunos les toma muchas malas experiencias comprobarlo. Por esto te pido que confíes en mí cuando te digo que refinar la intención y aprender a usarla de modo constructivo te guiará por senderos abiertos a una vida mucho más fácil, fluida y feliz.

Debo señalar que en el chamanismo elegimos no prestar atención a las intenciones oscuras. Por eso he decidido, a lo largo de este libro, mantener dicha costumbre y hablar y expresarme solamente sobre las intenciones que buscan tu crecimiento, el florecimiento tuyo y de otros y la cooperación con el bien mayor.

Repito la pregunta fundamental: *¿qué es lo que realmente quiero?*

Cuando mi intención es profunda, clara y persistente, recibo las señales que me confirman que voy por buen camino, y naturalmente en mi interior empieza a emerger un sentimiento de plenitud, de saciedad. Allí reconozco que estoy haciendo lo correcto, me siento en mi lugar, expreso mi esencia hacia todas partes. Recuerda muy bien que las intenciones son las fuerzas que impulsan la acción. Cuanto más claras sean, cuanto más firmes y definidas estén, en la medida que traigan mayor bien al mundo, tendrán más energía para conseguir lo buscado.

Debemos aprender a revisar, observar y reconocer nuestras intenciones. Es fundamental ser honestos con nosotros mismos, asumir de dónde surge nuestro deseo, observarnos con disciplina y atención. Paulatinamente se volverán más lúcidas para nosotros mismos nuestras propias intenciones profundas. Mientras tanto, y al principio del proceso, sé humilde y reconoce de modo abierto que muchas veces las desconocemos de forma consciente. Si logras interiorizar y adentrarte en ti, si consigues hacerte amigo de tu ser, entonces de modo natural tus propósitos serán más claros y contundentes.

Al paso del tiempo, ejercitando la práctica constante de reconocer tus causas reales, descubrirás que los grandes y pequeños logros que manifiestas en tu vida están conectados con la intención original. Es un lindo regalo ver la perfecta germinación de una buena semilla, conocer que todo efecto tuvo una causa, y esa causa-intención estará siempre presente en el resultado. Cuando consigas lo que anhelabas, cuando la intención se materialice, te sentirás jubiloso y en coherencia, porque sabrás que el logro obtenido es perfectamente sincrónico con tu semilla interior. Cuando desde la semilla correcta *intencionas* un viaje pleno y cada día de tu viaje descubres la plenitud, compruebas que esa intención-causa espiritual que se generó en tu ser, y que inundó poco a poco tu cuerpo, fue brotando rítmicamente de ti. Sutilmente fue expandiéndose como una brisa y contagió a quienes te rodean. Y finalmente se expresó en los eventos de tu realidad perceptual. Si realmente lo comprendes, entonces sabrás que tu viaje soñado se creó desde tu intención de vivirlo así, que el viaje increíble fue el efecto de una causa primordial que generaste tú y a la que se sumaron muchas causas primordiales de quienes vibraron contigo. De este modo, todo cooperó con una Gran Intención.

Grandes cosas han pasado a lo largo de nuestra historia derivadas de la fuerza de un ser humano que ha tenido poderosas intenciones y que irradia desde su interior. Luego otros cuantos se adhieren a la intención original y un grupo muy reducido de hombres y mujeres, inspirados por la intención original, logran hacer una transformación planetaria. Son pocos individuos, pero con una intención muy, muy poderosa, que los lleva a conseguir logros increíbles. Más aún, cuando su propósito es coherente y está sostenido por la energía de lo superior. Podemos tomar como ejemplos la fundación de los jesuitas, la independencia de India, el movimiento por los derechos de la mujer, la Revolución rusa, la creación de Apple y varios sucesos más en diversas aéreas de la historia, la política, la tecnología y la cultura.

Tengamos presente que el Universo se mueve por energía-intención. Por eso, para generar un cambio trascendente, no basta con reunir mucha gente. Es más: quizás unos pocos muy decididos con fuerte confianza en su causa pueden generar la energía para activar una inmensa evolución planetaria. Seguro que a veces sientes que lo que te esfuerzas por mejorar no tiene sentido, que tus sueños morirán pronto. Recuerda que tu intención puede ser la chispa que, avivada por el viento, encienda la consciencia de todos quienes te rodean.

Intencionar

En el chamanismo no se habla de pedir a lo superior. El acto de pedir, y solamente pedir, se entiende como una espera, una posición pasiva en donde sólo se recibe lo que llega de fuera. También se ve como una actitud un tanto estática que sin actuar desea que algo más haga las cosas por ti.

Nosotros los chamanes no pedimos: *intencionamos*. Al hacerlo estamos colocando nuestro propósito para que se conjunte con la ayuda de la vida. Digamos que hacemos nuestra parte y pedimos que lo superior contribuya. La diferencia fundamental es que al pedir pasivamente dejas que toda la responsabilidad sea del sujeto a quien pides. En cambio, cuando intencionas haces tu parte, lo que puedes, aunque sea un poco, y cooperas en la realización de tu deseo. Si intencionas abundancia, por ejemplo, te pones a trabajar o a crear para merecerla. Si intencionas una buena familia, haces todo lo que puedas por que llegue: te conviertes en hombre o mujer de bien, buscas a una compañera de vida que sume a tu proyecto, trabajas en tu parte interna, consigues un trabajo digno y elevas tu vibración. Y sí, además, "pides ayuda"; pero lo que recibes suma a lo que ya has hecho.

Para acentuar más las diferencias agregaría este ejemplo: si pedimos salud, estamos esperando que la salud llegue a nosotros. Pero si *intencionamos* salud, entonces nos cuidamos, nos queremos, nos amamos y también confiamos en que la salud va a llegar a nosotros. Podemos afirmar que la intención es una colaboración desde nuestra parte interna, un deseo, una disposición a hacer lo que nos toca por concretarlo, y claro, además de esto, la posibilidad de abrirnos gustosamente a recibir lo que luego la vida nos da y abrirnos a aceptar todo aquello que colabora y suma a la consecución de nuestros propósitos.

Intencionar es mucho más que sólo desear algo. Es encontrar la certeza y la claridad interna para saberse digno y merecedor de lo que se está buscando, conectar con las propias capacidades y facultades en el interior de nosotros y, a partir de ahí, poder realizar o manifestar lo que anhelamos tener. Es importante aclarar que también es ser humilde y reconocer la valiosa ayuda que nos da el cielo, la vida, lo superior (los planos espirituales) y también lo que nos aporta el entorno, los afectos y las circunstancias más comunes (el plano físico). Cuando nos comprometemos con la intención ponemos nuestra parte con el corazón, aceptamos la ayuda y nos abrimos a que la fuente nos guíe, y en cooperación perfecta con todo esto recibimos la preciosa cosecha.

La refinación es una aliada casi indispensable de la intención. Recordemos que llamamos refinación a quitar todo el excedente para ir encontrándonos cada vez más con la pureza, como cuando los perfumistas van exprimiendo las flores de los campos inmensos para que dejen su elixir más puro. Cuando nosotros refinamos, vamos cada vez más dentro, cada vez más a lo puro y a lo verdadero. Un pensamiento refinado sería similar a crear una síntesis, es decir: si ya describimos un objeto en tres párrafos, entonces nos proponemos definirlo en uno solo y luego en una sola oración. Para lograrlo debemos ser capaces de expresar de él sólo lo principal, lo más sustancial. Para encontrar algún mineral valioso, hay que retirar toneladas de piedra, cavar en lo muy profundo de la tierra, limpiar un montón de sedimentos y después quitar rocas y excedentes para poder encontrar el mineral puro. Y cuando se encuentra el mineral, todavía se tienen que retirar los excesos para poder darle un uso industrial. Y si quisiéramos hacer una joya, habremos de pulirlo, hacerlo bello y más puro, lo que equivaldría a seguir refinando lo ya refinado.

En nuestra tradición enseñamos a los caminantes (así se les llama a los practicantes del chamanismo) a refinar a través de un hilo conductor, en donde van enredando el camino del hilo, hasta poder llegar al origen, a la raíz más profunda. Cuando se descubre todo el potencial de este proceso aparentemente simple, se puede llegar al encuentro de verdades muy hondas, de aprendizajes muy firmes, de miedos reveladores, de intenciones claras y de los orígenes de algunos de los mayores misterios de nuestra vida.

Luego de haber dedicado tiempo a encontrar el propósito, a conocer las causas que nos impulsan y, tras haber refinado bastante para alcanzar la pureza en el deseo, todavía debemos hacer una última revisión para comprobar que nuestra intención está acompañada del más alto bien. Para lograrlo, debemos revisar que nuestra intención tenga tres características:

1. La intención tiene que ser *positiva*, es decir, debe traer el bien para nosotros y para los demás. Cuanto más bien sume nuestra intención, más fuerza tendrá que la acompañe. Por ejemplo: cuando se pide un techo, se pide para nosotros y para toda la gente que no lo tiene, y entonces, mucha más energía se va a mover para que nuestra intención se cumpla. O si pedimos salud para nuestro hígado, pero lo pedimos además para todos los hígados enfermos, nuestra intención tendrá mucha mayor fuerza y vibración para nosotros y para todos.
2. La intención debe ser *recta* o *correcta*. Esto es: por ningún motivo puede buscar el daño o perjuicio de otra persona. No es lícito pedir, por ejemplo, el puesto de otro para tenerlo nosotros y provocar dolor en ese alguien más. En cambio, lo correcto es pedir el mejor puesto para nosotros y *también para esa otra persona*. Todo lo que deseas puede pedirse de una forma honorable o, como decimos en el chamanismo, impecable.
3. Jamás se debe pedir algo *a costa de alguien más*. Se debe aprender a pedir lo que es nuestro y que sea bueno y armónico con nosotros y saludable para los demás de nuestro entorno. La intención no debe desposeer a nadie, no robar para dar. La intención crea nuevas rutas, nuevos espacios y oportunidades, y nos provee de dicha ilimitada para quienes la piden, la trabajan y la merecen.

Como te darás cuenta, la intención es un tema amplio al que podríamos dedicar un libro entero. Mas sé que, por ahora, esto es lo que te toca aprender y practicar. Recuerda: la mejor comida es la que se hizo con cariño. Las relaciones más saludables empiezan en un auténtico deseo de bien común para todas las partes. Las personas más dichosas a menudo, desde el amanecer, decretan, *intencionan*, conectan, vibran, piden y hacen de la plenitud un hábito.

Tus intenciones tienen el potencial de cambiar tu mundo. Son la llave que abre todas las puertas. Encauzar tus intenciones requiere consciencia y atención, presencia y refinamiento... Intencionar es todo un arte, y sólo la práctica te llevará a comprenderlo.

Para expandir tus potencialidades de intención, comparto contigo otras preguntas finales que pueden acompañarte en tu búsqueda del origen y que además podrían ser grandes aliadas en tu toma de decisiones, en la resolución de conflictos y la expansión de tu ser. Antes de formularlas, por favor, míralas con respeto, dales tiempo en tu interior. Hay preguntas más valiosas que las respuestas que puedan tener. Hay otras más que simplemente no necesitan una respuesta. Cada una de estas preguntas posee un cierto encanto: a distintas horas, en distintos momentos, en diferentes circunstancias y de frente a diversas elecciones te servirán como consejeras o espejos que mostrarán la esencia. Respétalas y dales su tiempo, vuélvete su amigo, y tal vez te guíen por caminos nuevos o te den el conocimiento para *ver* la verdad.

¿Qué es verdaderamente lo importante, lo esencial?
¿Qué es eso sin lo cual no tendría sentido buscar lo que estamos buscando?

¿Cuánto bien somos capaces de atraer?

¿Cuál es la esencia pura de lo que estamos buscando?

¿Cuál es el alcance de nuestra intención y hasta dónde trascendería?

¿Cómo vamos a mantener nutrida la intención hasta que florezca?

¿Estamos seguros de que la intención se origina en coherencia con nuestra mente y corazón?

Conclusión: vivir el chamanismo

El chamanismo está vivo, sigue aquí. Corre con los caballos de las estepas asiáticas, vuela con el cóndor por los Andes, susurra en los rugidos de las selvas, suena en las flautas nativas, brinca con los danzantes del sol, se enciende en las piedras del temazcal, viaja con el toque de caracol, retumba en los tambores ceremoniales, suspira con cada fuego sagrado que se acaba, vibra con el nacimiento de los hombres despiertos y acompaña el largo viaje a la humanidad para evolucionar.

Nuestro Camino Rojo se hace, se adapta, crece en unidad con los tiempos nuevos. Es un agua antigua y sagrada que ha recorrido por milenios el devenir: a veces fuerte como inmenso río, a veces silente como apacible laguna, en algunos tiempos oculta debajo del suelo como un cenote cristalino, pero siempre viva, siempre avanzando. Ahora, en la segunda década del siglo que vivimos, en las puertas del nuevo tiempo que está por venir, es indispensable volver la vista y la atención a los aprendizajes que nos legaron los ancestros.

Para que la humanidad pueda avanzar realmente es esencial que recordemos a todos aquellos pueblos que encontraron los senderos para trascender y evolucionar. Los pueblos originarios de todo el orbe, los grandes pueblos que sin el microchip vivían en paz, las comunidades que honraban la tierra, que respetaban los ciclos y que volteaban al cielo a pedir respuestas y encontrar señales. Esas pequeñas agrupaciones de hombres y mujeres que tenían tiempo, que vivían libres, que no poseían, pero que tampoco eran poseídas.

Y no pienso que todo fue perfecto en el pasado perdido, por supuesto; pero sí sé que era más armónico, más auténtico y más natural. Desde aquí sigo escuchando sus ecos y sus llamadas, y los encuentro en los ensueños y los contacto en las ceremonias. ¡Ellos siguen aquí!

Ya que me has acompañado en la lectura de este libro, quiero repetir lo que dije en el primer capítulo, y que te anticipé que comprenderías muy distinto cuando terminaras la lectura:

El chamán es un *puente* que unifica, integra y enlaza dos realidades o dos mundos que, de hecho, nunca estuvieron separados. Y existe la posibilidad de regresar a la esencia, a la idea de que estas realidades se tocan, coexisten, se acompañan, se complementan; que una es efecto de la otra y que podemos adentrarnos en la profundidad de la segunda adentrándonos en los caminos de la primera. De eso se trata todo este recorrido.

Apreciado lector: recorrimos este viaje juntos y hemos reflexionado en unidad, he abierto mi historia y tú has tomado mi obra con respeto. Por eso, porque aprecio tu tiempo, porque aprecio tu búsqueda, porque aprecio tu estar te comparto estas últimas páginas.

Entre estas líneas he plasmado varias palabras. Seguramente conocías muchas y comprendías la mayoría. Mas mi propósito fue que las sintieras, que las volvieras parte de tu vida, que hicieran marcas en tu interior y se encarnaran en ti.

Anhelo que esto que aquí comparto salga del tonal frío o de las palabras, y que al calor de la consciencia se vuelva espíritu dentro de ti. Que no simplemente reconozcas la ortografía de la palabra *consciencia*, sino que la traigas más aquí, a tu interior, para que pueda mostrarte ampliamente el mundo, para que te guíe a adentrarte en el océano y no a mirarlo como fotografía. Que la consciencia te enseñe desde dentro y te haga crecer, te cultive y te permita expandir tu mundo. Que el renacuajo salga del charco, que encuentres los pasos para crecer en armonía y amor, para bien tuyo y de todos los que amas y te rodean.

Te pido que *atención* sea más que una palabra aguda y que pongas tu atención en lo importante, que diferencies lo esencial, que elijas la alta atención para que tu existencia sea más plena. Que procures mantenerte despierto y mantengas tu enfoque en lo mejor y lo más bello. Tu atención es la punta de la flecha, el centro de tu entorno. Sé la atención y apunta siempre hacia lo que *sí* quieres que ocurra, hacia donde *sí* quieres ir.

¿Puedes observar cuál es la intención que te llevó a leer este libro? ¿Recuerdas cuál fue la intención que te mantuvo leyendo? Ahora te pido que descubras qué intenciones nuevas surgen a partir del encuentro con lo aquí expuesto y cómo van a cambiar tus anhelos, tus deseos y tus objetivos. Que todo lo aquí contado abra nuevos surcos en tu crecimiento. Que te muevas por intenciones más amorosas y profundas, que tus anhelos se refinen para que obtengas lo que *sí* quieres. Y que tu vida se llene de hermosas flores de las semillas que en consciencia, presencia, atención e intención vayas sembrando.

La presencia es uno de mis grandes cariños, y en relación con ella puedo decirte que es una exquisita amiga, un auténtico tesoro cuando se sabe conservar. Ejercítala, ve a pasear con ella, invítala a lo más simple igual que a lo importante, deja que esté contigo en los diálogos más dulces, que repose en ti cuando meditas, que ría cuando la vida sea buena, que ame y también enfrente las tormentas. La presencia es un regalo que todos los hombres reciben, pero que sólo algunos destapan y muy pocos conservan. Cuando cierres la cubierta de este libro quédate presente un instante y deja que la presencia te muestre todo lo que aprendiste...

Tal vez las personas a quienes amas, esas personas que de verdad te importan, puedan recibir de ti el más lindo de los obsequios: tu estar presente, tu mirada presente, tu corazón presente, tu amor presente. Y quizá puedas compartir con ellos este regalo para que la vida se vuelva más *vida*.

Mirar el chamanismo como una tradición que aporta conceptos y rutas útiles y esclarecedoras es en parte la intención de este libro. Hoy, cuando tras años de trabajo voy terminando de hacerlo, sé que su destino apenas comienza...

Aquí hay mucho más que palabras. Este libro es nahual que flota en lo invisible, y le dediqué atención profunda al contenido. Refiné hasta el cansancio cada párrafo para procurar dejar lo más puro. A cada espacio en el que me senté a escribir traje mi presencia y me encomendé a la presencia para estar allí, sintiendo cada oración, encontrando la música entre las letras.

He sido consciente del camino que las ideas, los conceptos y las enseñanzas tuvieron que recorrer para llegar hasta aquí. Honré a la tradición, a los maestros, a la gente del campo que las mantuvo vivas, a las fuerzas que poco a poco gestaron entre risas y cantos, entre rutas infinitas y silencios sutiles, los misterios que de modo muy sencillo se recolectan en esta obra.

Estoy emocionado de saber que aporto un susurro en el gran canto del mundo, que soy una piedra perforada y que aquí *estoy presente y con mi corazón abierto, consciente y atento, lleno de paz y en contacto con el espíritu*.

Al escribir estas líneas veo volar un colibrí, esa señal que escuché tantas veces de mis abuelos: "El colibrí es una punta de jade que se pulió y a la que se le dio el soplo de vida, para que trajera a los hombres los mensajes del cielo". Y, al verlo volar, entiendo que ahora el libro está terminado. Que es a su forma un pedazo de jade, tiempo y cariño, pulido con el cincel del lenguaje, y dotado con el soplo del amor que he puesto en él.

Ahora lo bendigo y lo dejo volar, hasta donde llegue, hasta donde pueda hacer el bien y ser, como el colibrí, un recuerdo de que la voz de lo sagrado no desiste, un mensaje de esperanza y un llamado a continuar.

Este mundo está incompleto sin la fuerza del espíritu. El chamanismo es una voz que exhorta, un grito semidulce que grita sin parar: *¡Despierta, despierta en el bien, despierta ya!*

Despertemos: somos la luz, somos soles brillantes, somos seres divinos, plenos y conscientes, somos hilos del telar del mundo y sueños lúcidos de una presencia que nos ama, que nos guía y que nos acompaña para iluminarnos la ruta hacia la eternidad.

Mi jardín, 30 de mayo de 2020

Agradecimientos

Esta obra es el resultado de tiempo, energía y cariño. Por eso quiero agradecer a Lupita Cassis por siempre impulsarme a escribir. A Paulina Vieitez por su acompañamiento. A Pablo Martínez Lozada por su maestría y cuidado. Y a Editorial Océano por abrir la puerta a que *Encuentro* zarpe con los mejores vientos.

Esta obra se imprimió y encuadernó
en el mes de junio de 2023,
en los talleres de Impregráfica Digital, S.A. de C.V.,
Av. Coyoacán 100-D, Col. Del Valle Norte,
C.P. 03103, Benito Juárez, Ciudad de México.